Dana Giesecke / Harald Welzer

# Das Menschenmögliche

## Zur Renovierung der deutschen Erinnerungskultur

edition Körber-STIFTUNG

MIX
Papier aus verantwortungsvollen Quellen
FSC
www.fsc.org
FSC® C083411

CPI
Mehr Bäume. Weniger $CO_2$.
www.cpibooks.de/klimaneutral

Bibliografische Information der Deutschen Nationalbibliothek

Die Deutsche Nationalbibliothek verzeichnet diese Publikation in der Deutschen Nationalbibliografie; detaillierte bibliografische Daten sind im Internet unter http://dnb.d-nb.de abrufbar.



Umschlag: Groothuis, Lohfert, Consorten | glcons.de
Herstellung: Das Herstellungsbüro, Hamburg |
buch-herstellungsbuero.de
Druck und Bindung: CPI – Clausen & Bosse, Leck
Printed in Germany

ISBN 978-3-89684-089-9


www.edition-koerber-stiftung.de

# Inhalt

# Mitfühlen, mitdenken

»Wer mitfühlen, mitdenken will, braucht Deutungen des Geschehens. Das Geschehen allein genügt nicht.« So formuliert es Ruth Klüger, lakonisch wie immer, in »Weiter leben« (Klüger 1997: 128). Zweifellos besteht einer der größten Irrtümer historischer Vermittlung in der Annahme, irgendein Historisches spreche für sich; am wenigsten gilt das wahrscheinlich für jenes historische Geschehen, das die deutsche Erinnerungs- und Gedenkkultur in Bann hält: den Holocaust. Seine Rezeptions- und Wirkungsgeschichte ist das eindrücklichste Beispiel dafür, welchen Deutungswandlungen historische Geschehenszusammenhänge unterworfen sind. Schließlich hat es Jahrzehnte gedauert, bis das Leiden der getöteten und überlebenden Opfer anerkannt wurde und die Massenvernichtung zum zentralen Bestandteil der deutschen Erinnerungskultur geworden ist. Dabei wird heute, in der Situation einer bis zur Erstarrung stabilen Gedenk- und Erinnerungslandschaft, oft vergessen, dass eben dies – die Verweigerung der Anerkennung der Leiden der Opfer – der erinnerungspolitisch größte Skandal der Nachkriegsgeschichte war.

Dieser besteht heute nicht mehr. Seit Ende der 1970er Jahre hat die Erinnerungskultur sukzessive jene Gestalt angenommen, die sie bis heute prägt: Zentriert um signifikante historische Orte und Daten wird heute regelmäßig der Gewalt und der Opfer gedacht, und dies nicht nur im Rahmen von Gedenkstunden und -veranstaltungen vor Ort, sondern auch im Rahmen historischer Ausstellungen, in Fernsehdokumentationen, bei Diskussionsveranstaltungen etc.

Dabei werden nicht selten Gedenken und historische Bildung in eins gesetzt, und folgerichtig entstehen Kollateralschäden der Geschichtsaufklärung, die der historischen Bildung zuwiderlaufen – etwa die Fortschreibung eines Geschichtsbewusstseins, in dem die Rollen von Tätern (»Nazis«), Zuschauern (»Volk«) und Opfern (»Juden und andere Verfolgte«) säuberlich getrennt werden, als lägen solche Rollenverteilungen in modernen arbeitsteiligen Gesellschaften schon fest, bevor sich die Gruppen im Ausgrenzungs- und schließlich im genozidalen Prozess zu differenzieren beginnen.

Oder es wird beständig der Fehler wiederholt, diesen Prozess vom Ergebnis, also von der millionenfachen Vernichtung her, verstehen und erklären zu wollen. Das absolute Grauen, das der Nationalsozialismus erzeugt hat, muss auf diese Weise opak und erratisch erscheinen, denn die industrielle Produktion von Leichen ist als factum brutum notwendigerweise völlig unerklärlich. Genau deshalb genügt das Geschehen an sich nicht zum Mitfühlen und Mitdenken. Ein deutendes Verstehen und Erklären, wie in der Mitte der europäischen Kultur sich eine moderne Gesellschaft in eine Kultur der Gegenmenschlichkeit verwandeln konnte, erfordert zunächst kein moralisches Bekenntnis, dass man gegen Massenmord ist, sondern ein Bewusstsein erstens darüber, dass Geschichte ein Prozess ist, wenn sie geschieht, und dass Menschen als Akteure in diesem Prozess nicht das Wissen späterer Generationen über ihn haben.

Genau deswegen ist es wichtig, zeitgenössische Quellen zur historischen Bildung heranzuziehen und nicht Zeitzeugenberichte, die immer vor dem Hintergrund des Wissens verfertigt werden, wie die Geschichte ausgegangen ist. Und deswegen ist es wichtig, die Geschichte des Holocaust vom Anfang her zu erzählen und nicht von seinem Ende – weil er dann aus dem Status eines unvorstellbaren Ereignisses in jenen eines historisch jederzeit Möglichen transformiert wird. Und das begreiflich zu machen: Darauf kommt es ja heute mehr denn je an.

Die Zeitzeuginnen und Zeitzeugen schwinden; eine vierte und fünfte Generation nach dem Holocaust besucht die Gedenkstätten und lernt Geschichte. Man wird ihnen nicht gerecht, wenn man sich weiterhin nur jenes historisch-moralischen Pathos befleißigt, das im Kampf um die Erinnerung seine Berechtigung hatte, nun aber abgestanden und muffig geworden ist. Nicht vergessen zu sollen ist ein sinnloser Appell, wenn niemand vergessen will. Sich aber nicht den Anforderungen stellen zu wollen, die eine Historisierung von Nationalsozialismus, Holocaust und Zweitem Weltkrieg genauso mit sich bringt wie der Übergang von der generationell heißen zur kalten Erinnerung: Das wäre ein aufklärerisches Versäumnis, eine erinnerungspolitische Bankrotterklärung.

Wie eine Erinnerungskultur in Zeiten aussehen könnte, in denen der Holocaust vom kommunikativen zum kulturellen Gedächtnis wird, das fragen wir in diesem Buch – und zwar aus zwei Perspektiven: Erstens aus einer sozialpsychologischen Sicht, der es im Kern um die Frage geht, was man aus Geschichte lernen kann, wenn man eine Zukunft meistern will, und zweitens aus einer kultursoziologischen Sicht, die einen ganz anderen Typ von historischem Lernort entwirft, als ihn die Gedenkstätte repräsentiert. Es fügte sich ganz wunderbar, dass Dana Giesecke am Szenario eines *Hauses der menschlichen Möglichkeiten* arbeitete und bereit war, ihre diesbezüglichen Gedanken in dieses Buch einzubringen, als Harald Welzer von der Körber-Stiftung gebeten wurde, Überlegungen zur Modernisierung der Erinnerungskultur anzustellen. Vor diesem Hintergrund sind die inhaltlichen Verantwortlichkeiten klar verteilt: Für die – zuweilen auch polemische – Auseinandersetzung mit der deutschen Erinnerungs- und Gedenkkultur steht der Autor gerade, für die Skizze des bürgerschaftlichen Lernortes neuen Typs die Autorin. Unter beiden Gesichtspunkten geht es, um auf Ruth Klüger zurückzukommen, um ein aufgeklärtes, nicht um ein pseudologisches Mitfühlen und Mitdenken.

Wir danken der Körber-Stiftung, namentlich Bernd Martin und Sven Tetzlaff, für ihr großes Engagement um dieses Buch im Besonderen und um eine moderne, gegenwartstaugliche Erinnerungskultur im Allgemeinen, und hoffen, dass die Vorschläge, die hier gemacht werden, fruchtbare Debatten nach sich ziehen werden.

*Dana Giesecke & Harald Welzer*
im März 2012

# I. Entrümpelung

*Wenn Menschen, die eine gleiche Erziehung genossen haben wie ich, die gleichen Worte sprechen wie ich und gleiche Bücher, gleiche Musik, gleiche Gemälde lieben wie ich – wenn diese Menschen keineswegs gesichert sind vor der Möglichkeit, Unmenschen zu werden und Dinge zu tun, die wir den Menschen unserer Zeit, ausgenommen die pathologischen Einzelfälle, vorher nicht hätten zutrauen können, woher nehme ich die Zuversicht, dass ich davor gesichert sei?*
MAX FRISCH, 1946

Dieses Buch geht von einer zentralen Hypothese aus: Das Haus der historischen und politischen Bildung gehört entrümpelt. Eine Entrümpelung ist ein normaler Vorgang, wenn eine Renovierung ansteht. Das Inventar wird ausgeräumt und gesichtet: Was wird behalten, was muss aufgearbeitet werden, was gehört weggeschmissen? Danach ist der Raum präpariert, offen für etwas Neues. Die Freiheit dieses Neuen ist freilich begrenzt durch den gegebenen Grundriss, die Lage der Fenster und Türen, die Raumhöhe. Schließlich handelt es sich nicht um einen Neubau, sondern um eine Renovierung. So etwas hat der Geschichtstheoretiker Jörn Rüsen im Sinn, wenn er behauptet, dass uns die Geschichte immer schon als historische Wesen konstruiert hat, bevor wir sie, die Geschichte, konstruieren (Rüsen 2002). Wir sind immer schon in ihr. An dieser reflexiven Perspektive historischer Bildung kommt man nicht vorbei, ist jeder doch immer Teil jener Geschichte, die er zu vermitteln beabsichtigt. Seit Hayden Whites »Metahistory« wissen wir dazu noch, dass auch die Formen des Erzählens von Geschichte kulturell bestimmt sind und dass die Naivität, man erzähle auf der Grundlage von Fakten, »wie es gewesen ist«, selbst absolut von gestern ist (White 1991).

## Orte

Allerdings besteht ein alltagsweltliches Geschichtsverständnis ganz und gar darauf, dass das, was vermittelt wird, auch tatsächlich passiert und nicht lediglich ein Produkt postmodern aufgelöster Erzählbarkeit ist. Genau deshalb bleibt auch heute noch jedes Museum, egal ob es Kekse, Strickjacken oder Folterinstrumente ausstellt, auf die Authentizität der Gegenstände angewiesen, und wehe, etwas stellt sich als Fälschung heraus. Deshalb war es selbst für den mit historischer Reflexivität ausgestatteten Besucher der Kulturhauptstadt Weimar im Jahr 1999 durchaus irritierend, statt nur eines einzigen gleich zwei identische Exemplare von »Goethes Gartenhaus« vorzufinden und beim Betreten des Schlafzimmers nicht sicher sein zu können, ob der Dichter und Denker nun unter dieser Decke, auf dieser Matratze zu ruhen pflegte oder nicht doch dort drüben, fünfzig Meter weiter, im anderen »Goethes Gartenhaus«.

Dieses sophistische Spiel mit der Beglaubigung historischer Authentizität zeigt gerade im Bruch des Originalitätsgebots nur die Ausnahme, die die Regel bestätigt: Alltägliches Geschichtsbewusstsein setzt immer auf die Verlässlichkeit der Behauptung, etwas habe »hier«, am authentischen Ort, sich zu einer bestimmten Zeit zugetragen.* Die örtliche Beglaubigung des Historischen findet ihren Niederschlag noch heute in der Exkursion, die Studierende der Geschichte zu absolvieren haben und die der Soziologie nicht, obwohl gerade ihnen Ausflüge in die Wirklichkeit guttäten. Tatsächlich muss alles, was geschehen ist und bedeutsam war, durch einen Ort markiert sein – sei es der Limes, der Rütli, seien es Verdun oder Auschwitz.

So geht es auch in der erinnerungskulturellen Praxis der Gegenwart um die Beglaubigung eines historischen Geschehens durch einen Ort, den man heute noch aufsuchen kann, um einen Fixpunkt, den die Geschichte eines Kollektivs oder einer Gesellschaft umkreist. Genau deshalb ist Deutschland übersät mit Gedenktafeln, Gedenkorten, »Stolpersteinen« und zahllosen anderen örtlichen Markierungen. Solche Fixpunkte werden historisch genau in dem Augenblick gefunden und markiert, in dem das Bezugskollektiv nach Identität sucht – im Generationenwechsel zum Beispiel. Dann muss Identität

---

* Besonders kompliziert stellt sich der Diebstahl des Schriftzugs »Arbeit macht frei« aus Auschwitz dar. Der gestohlene Schriftzug wurde schon drei Tage später durch eine Replik ersetzt; im Mai 2011 wurde dann beschlossen, dass sicherheitshalber die Kopie auf Dauer bleiben soll.

über Ursprungsereignisse und -orte symbolisiert werden. Solange Traditionen stabil sind und ohne Explikation funktionieren, bedarf es keiner Identitätsarbeit; Erinnerungs- und Geschichtsorte sind in diesem Sinn paradoxerweise transitorische Orte. Ihnen wird dann Bedeutung zugewiesen, wenn das betreffende Kollektiv nach Orientierung sucht, was es ist, und vor allem, was es sein möchte. Stabile Identität ist fraglos. Fragile Identität dagegen braucht historische Vergewisserung: Orte, Stätten, Rituale, Anlässe. Nicht zufällig sind diese ja die Torwächter, die entscheiden, was aus dem kommunikativen in das kulturelle Gedächtnis überführt und auf relative Dauer gestellt wird.

Bei all dem schwingt immer schon mit, dass der Bezugspunkt des historischen Bewusstseins und der historischen Bildung nicht die Vergangenheit ist, sondern die Zukunft.

## Zeiten

»Kann man das Vergangene erkennen, wenn man das Gegenwärtige nicht einmal versteht? Und wer will vom Gegenwärtigen richtige Begriffe nehmen, ohne das Zukünftige zu wissen? Das Zukünftige bestimmt das Gegenwärtige und dieses das Vergangene.« Mit dieser auf den ersten Blick bizarren Behauptung von Johann Georg Hamann leitet Reinhart Koselleck einen Aufsatz über »Die unbekannte Zukunft und die Kunst der Prognose« ein und kommt nach nur wenigen Zeilen zu dem Schluss, dass jede Form der praktischen Daseinsvorsorge, sei sie individuell wie der Abschluss einer privaten Rentenversicherung, sei sie institutionell wie ein internationales Abkommen zur Sicherstellung der Energieversorgung, die Gegenwart aus der Zukunft heraus versteht (Koselleck 2000). Insofern handelt es sich um ein Missverständnis, wenn man die Vergangenheit als den Bezugspunkt der Gegenwart betrachtet. Historische Erfahrung und historisches Wissen haben Gebrauchswert nur, wenn sie sich auf eine Zukunft beziehen können, die jemand in einer jeweiligen Gegenwart erreichen möchte. Mehr als die Zukunft Geschichte braucht, braucht die Geschichte Zukunft.

In Cormack McCarthys düsterem Roman »Die Straße«, in dem ein Vater mit seinem Sohn eine postkatastrophische Welt in der irrenden Hoffnung durchwandert, irgendwo auf bessere Lebensbedingungen zu stoßen, durchstöbert der Protagonist ein verlassenes Haus und wird plötzlich von einem unheimlichen Gedanken überfallen:

»Er hob eines der Bücher auf und durchblätterte die schweren, aufgequollenen Seiten. Er hätte nicht gedacht, dass der Wert des geringsten Gegenstandes eine künftige Welt voraussetzte. Das überraschte ihn. Dass der Raum, den diese Gegenstände einnahmen, selbst schon eine Erwartung war. Er ließ das Buch fallen, warf einen letzten Blick in die Runde und ging hinaus in das kalte graue Licht« (McCarthy 2007: 167).

Der Wert jedes Gegenstands, auch jeder Handlung, setzt eine künftige Welt voraus. Dystopische Gegenwarten entwerten daher jede Bedeutung. Umgekehrt, so hat Ernst Bloch in »Erbschaft dieser Zeit« (Bloch 1935) argumentiert, ist auch in Vergangenheiten jede Menge Zukunft enthalten, die besonders dann emotional bedeutsam bleibt und weiterwirkt, wenn sie unabgegolten geblieben, also nie zu einer gegenwärtigen Wirklichkeit geworden ist. Solche Überlegungen zur Ungleichzeitigkeit des Gegenwärtigen und Historischen sind zweifellos höchst fruchtbar für die Frage nach der Zukunft der Geschichte und besonders der Erinnerungskultur.

Alle Lebewesen haben ein Gedächtnis, aber Menschen sind, nach allem, was man weiß, die einzige Spezies, deren Gedächtnissystem es ihnen erlaubt, »mentale Zeitreisen« (Endel Tulving 1985) zu unternehmen, also sich jederzeit in einer der drei verfügbaren Zeitgestalten Vergangenheit, Gegenwart und Zukunft aufzuhalten. Das erlaubt nicht nur das Wiederaufsuchen längst vergangener Situationen, sondern auch die Imagination von zukünftigen. Auch dieser Befund stellt die Annahme in Frage, Erinnerung habe vor allem mit der Vergangenheit zu tun. Eine Vergangenheit an sich existiert nicht, sondern immer nur in Bezug auf eine jeweilige Gegenwart. Dasselbe gilt natürlich für die Erinnerung an eine jeweilige Vergangenheit. Erinnerung, das hat schon der Nobelpreisträger Eric Kandel mit seinem schlichten Versuchstier Aplysia californica – einer Meeresschnecke mit einem aus gerade mal 20 000 Neuronen bestehenden Nervensystem – belegt, dient dazu, unter Rückgriff auf ein in der Vergangenheit etabliertes Reizmuster eine Anforderung in einer Gegenwart zu meistern, um in einer Zukunft überleben zu können. Nur für die Zukunft haben alle Lebewesen ein Gedächtnis.

Das menschliche Gedächtnis arbeitet prinzipiell nicht anders als das der Aplysia californica, allerdings meist auf höherem Niveau: Menschen können sich im Unterschied zu ande-

Das Nervensystem der Aplysia californica besteht aus nur 20 000 Neuronen; arbeitet aber prinzipiell nicht anders als das menschliche.

ren Lebewesen bewusst erinnern, können ihre Erinnerungen kommunizieren und weitergeben und haben unterschiedlichste Formen externer Gedächtnisspeicher entwickelt – vom symbolischen Zeichen bis zum Internet. Diese sozialen Fähigkeiten machen Erfahrungen in einem übertemporalen sozialen Raum verfügbar; erst daraus ergibt sich die prinzipiell grenzenlose Ausweitung des individuellen Gedächtnisses sowie die Reflexivität seines Gebrauchs. Menschen können sich, nun anders als die Aplysia californica, nicht nur erinnern, sondern sich erinnern, dass sie sich erinnern. Das macht Vorausschau, Planung sowie die Selbstprojektion in eine noch nicht eingetretene Zukunft möglich. Genauer: Hier entsteht Zukunft. Nur Menschen haben ein Bewusstsein von der Zukunft; ihre Überlebensform basiert auf der bewussten Antizipation dessen, was geschehen wird und soll.

## Vergangenheit

Die dreistellige Relation Vergangenheit, Gegenwart und Zukunft, die Erinnerung per definitionem bildet, kann unter bestimmten erinnerungskulturellen Voraussetzungen vereinseitigt werden, so dass gesellschaftlich die mentalen Zeitreisen immer nur in die Vergangenheit und nicht mehr in die Gegenrichtung führen. Dafür kann die Schwerkraft sozialer Katastrophen verantwortlich sein, zumal die der nationalsozialistischen Verbrechen und des Holocaust.

Wenn eine solche Vereinseitigung stattfindet, schrumpft der Zukunftshorizont und weitet sich im selben Maß die Vergangenheitsbezogenheit. In den Schulen lernen die Kinder dann viel über die Schrecken der Vergangenheit und darüber, was »nie wieder« zu geschehen habe, aber sie lernen wenig über die möglichen Zukünfte, die in der Gegenwart stecken. Auch die zeitgenössische Architektur hat keine Signatur des Zukünftigen: Während die westlichen Gesellschaften im späten 19. Jahrhundert und bis in die 1960er Jahre ein Bild ihres kulturellen Modells in eine Jahrzehnte entfernte Zukunft projizierten und Gebäude entsprechend für die Dauer entwarfen, baut man gegenwärtig mit kurzfristigem Verfallsdatum, reißt Gebäude nach zwei, drei Jahrzehnten ab oder errichtet – wie in Hannover, Potsdam, Berlin – Schlossfassadenarchitekturen, als böte die Zeit des Absolutismus Orientierung für die krisenhafte Welt des 21. Jahrhunderts. In der Politik werden Entscheidungen neuerdings damit begründet, dass sie alternativlos seien, was nur dann möglich ist, wenn der Bezugspunkt des Politischen die schiere Gegenwart ist und eben nicht die

Zukunft: Vorausentwürfe auf etwas Zukünftiges und davon ausgehende Entscheidungen können nie alternativlos sein. Deshalb ist Demokratie die Abwägung alternativer Möglichkeiten. Alternativlosigkeit markiert dagegen die Diktatur einer zukunftsvergessenen Gegenwart.

## Diktatur der Gegenwart

Die heutigen Demokratien weisen auf der Verfahrensebene besorgniserregende Tendenzen der Entdemokratisierung auf – ganze Staaten werden ihrer Handlungsfähigkeit entmächtigt, weil eine gänzlich unlegitimierte »Troika« aus Europäischer Zentralbank, Internationalem Währungsfonds und Europäischer Kommission ihnen diktiert, wie sie Politik zu betreiben haben. Alle Kosten für die Bewältigung der Gegenwartsprobleme werden den jungen Bürgerinnen und Bürgern aufgebürdet, und zwar nicht nur im monetären Bereich über die obszöne Staatsverschuldung, sondern über alle Kredite, die bei der Umwelt, also bei den künftigen Überlebensbedingungen, aufgenommen werden und die von den Kreditnehmern selbst nicht abgestottert werden, sondern von denen, die ihnen folgen. Auch hier herrscht eine Diktatur der Gegenwart, die dem westlichen Gesellschaftsmodell von Emanzipation und Fortschritt radikal zuwiderläuft.

Und dann gibt es noch eine Diktatur der Vergangenheit: Vieles an der geschichts- und erinnerungskulturellen Praxis ist schal geworden, petrifiziert, inhaltsleer – und zwar exakt

Gedenktafel in Berlin-Schöneberg: abstrakte Aufforderung zum Sich-Erinnern.

wegen ihrer Vergangenheitsfixierung. Schülerinnen und Schüler werden zugleich in mehreren Fächern parallel mit dem Nationalsozialismus und dem Holocaust traktiert, wobei die Praxis, Fakten in einem Atemzug mit der dazugehörigen moralischen Botschaft zu vermitteln, seit Jahrzehnten unproblematisiert bleibt. Immer noch hält man es für eine gedenktafelrelevante Erkenntnis, wenn man dabei feststellt, dass auch an Ort X oder Y nationalsozialistische Verbrechen begangen worden sind.

Das war überall in Deutschland und in den besetzten Gebieten der Fall, weshalb der Erkenntniswert des einzelnen Falles inzwischen gegen null geht. Aber die Beschilderung der Republik mit Tafeln, die an die Untaten des nationalsozialistischen Regimes erinnern, verleiht diesem auf paradoxe Weise noch

Jahrzehnte danach eine historische Überhöhung ex negativo, die ihm nicht zukommt. Soll man sich all dieser Untaten erinnern? Und warum? Wie lange? Und mit welchen Folgen?

Zur Eröffnung des neuen Museums der Gedenkstätte Bergen-Belsen am 28. Oktober 2007 wurden sage und schreibe sechzehn Grußworte und Reden gehalten, und alle waren sie inhaltlich völlig deckungsgleich. Alle repräsentierten sie jene »historisch entkernte Frömmigkeit« (Volkhard Knigge), deren Sinn allenfalls noch darin erkennbar ist, dass die Liturgie eben das Sprechen der Formeln erfordert, aber das in all dem etwas läge, was für die Zukunft des Erinnerns tauglich sei, wird niemand mehr behaupten wollen. Jugendliche jedenfalls werden damit nicht erreicht, sondern vor allem abgeschreckt.

## Geschichtsbewusstsein von Jugendlichen

Eine repräsentative Befragung von Jugendlichen ab 14 Jahren, die TNS-Infratest im Auftrag der ZEIT im Jahr 2010 durchgeführt hat, kommt zu dem Ergebnis, dass mehr als zwei Drittel der befragten Jugendlichen sich für die Geschichte von Nationalsozialismus und Holocaust interessieren. Ein Drittel war der Auffassung, in der Schule lerne man zu wenig über das Thema. Wiederum zwei Drittel sehen die eigene Generation in der Pflicht, die nationalsozialistischen Verbrechen und den Holocaust nicht zu vergessen, 80 Prozent halten Holocaustgedenken für sinnvoll. 59 Prozent der befragten Jugendlichen empfinden sogar »Scham« angesichts der deutschen Verbrechen während der NS-Zeit, dabei sind 56 Prozent der Überzeugung, dass sich in der eigenen Familie niemand etwas habe zuschulden kommen lassen. »Gute Seiten« am Nationalsozialismus können vier Fünftel nicht entdecken.

Das Erziehungsziel der historisch-politischen Bildung kann also als erreicht betrachtet werden – wahrscheinlich wäre man in anderen Feldern schulischer Curricula und pädagogischer Bemühungen über solche Quoten sehr glücklich. Aber das erfreuliche Gesamtergebnis hat einen Haken: 40 Prozent der Jugendlichen glauben, sich beim Thema NS-Zeit »politisch korrekt« verhalten zu müssen, 43 Prozent fühlen sich genötigt, »Betroffenheit« zu zeigen, wenn dieses Thema angesprochen wird, und 39 Prozent beklagen, dass man über die NS-Zeit keine Witze machen dürfe (vgl. Staas 2010).

Hier zeigt sich also ein paradoxer Befund: Während die Bedeutung der Vermittlung der Geschichte von Nationalsozialismus und Holocaust von den Jugendlichen mehrheitlich akzeptiert wird und daraus auch Transfers für das eigene Verhalten abgeleitet werden, übersetzt sich die Vermittlungspraxis bei nicht wenigen in ein Gefühl der Freiheitseinschränkung – mithin in das genaue Gegenteil dessen, was durch die Erziehung zur Demokratiefähigkeit und zur Zivilcourage erreicht werden soll.

Aus unserer Sicht ist dieser Befund, der in den zahlreichen qualitativen Studien zum Geschichtsbewusstsein in der dritten Generation nach dem Holocaust ähnlich gefunden wird (Radtke u. a. 2004; Gudehus 2006; Zühlsdorf-Kersting 2007), der gewichtigste Anlass, über eine Renovierung der historischen Vermittlungspraxis nachzudenken. Aus sozialpsychologischer Sicht ist es ohnehin kontraproduktiv, die Vermittlung historischen Wissens mit einer moralischen Gebrauchsanweisung zu versehen. Aktive Aneignungsprozesse und die Entwicklung eigenständiger Deutungen und Bewertungen sind viel nachhaltiger für das Geschichtsbewusstsein als die Übernahme vorgefertigter Glaubenssätze – besonders dann, wenn sie durch die pädagogische Praxis konterkariert werden. Legendär ist hier der Fall eines Geschichtsleistungskurses, der mit einer gemeinsamen Fahrt nach Auschwitz abgeschlossen werden sollte. Als zwei Schüler an dieser Fahrt nicht teilnehmen wollten, stellte der Lehrer den Kurs vor die totalitäre Alternative: »Entweder es fahren alle, oder es fährt keiner!«.

Es ist heute nicht mehr nötig zu fordern, dass an den Holocaust zu erinnern und der Opfer zu gedenken sei – daran hat gesamtgesellschaftlich außer ein paar Neonazis niemand auch nur den geringsten Zweifel und die geringste Kritik. Gleichwohl geht das Pathos der erinnerungskulturellen Redeformeln, Jahrestage, Gedenkveranstaltungen etc. auf die längst gegenstandslos gewordene Behauptung zurück, man müsse »gegen das Vergessen« ankämpfen. Das ist heute obsolet, und gerade deshalb wirken die Rituale der Holocausterinnerung inzwischen merkwürdig abgestanden und gerade für Jüngere kaum anschlussfähig – man weiß nicht recht, wogegen eigentlich anerinnert wird, wo doch alle für das Erinnern und Gedenken sind.

Das hat selbst etwas mit dem Generationenverhältnis zu tun: Während die in den 1950er und 1960er Jahren geborenen Lehrer und Gedenkstättenpädagogen noch von der mühseligen Durchsetzungsgeschichte der Thematisierung der nationalsozialistischen Verbrechen geprägt sind, haben die Schülerinnen und Schüler zwei Generationen später überhaupt keine Erfahrung damit, dass diese Geschichte »verleugnet« oder »verdrängt« werden sollte. Im Gegenteil: In ihrem Erfahrungsraum ist sie durch die Medien, die Schule und den öffentlichen Raum omnipräsent. So schreibt Volkhard Knigge:

»Jüngere erleben die Bundesrepublik zu Recht nicht mehr als praktische Aufarbeitung fordernde, postnationalsozialistische Gesellschaft. Kaum camouflierte nationalsozialistische Lehrer sind ihnen ebenso fremd wie das Fortwirken nationalsozialistischer Mentalität oder Elitenkontinuitäten vor und nach 1945. Eine zumeist von Älteren angemahnte Auseinandersetzung mit der Vergangenheit tritt ihnen überwiegend als Erinnerungsimperativ bzw. als institutionalisierte Praxis in Studium, Geschichtsunterricht, Gedenkstätten, Denkmalen und Gedenktagen entgegen und begegnet ihnen in Gestalt massenmedialer oder öffentlich habitualisierter Redundanzen und Kümmerformen wie etwa Gedenkstättenpflichtbesuchen, rhetorischen Codes, visuellen Klischees oder vordergründiger Symbolpolitik« (Knigge 2010: 12 f.).

Während die bewusstseinsbildenden Funktionen der unermüdlichen Mahnung, man möge »nicht vergessen«, radikal überschätzt werden, wird die negative Wirkung wiederholter Formeln auf intelligente Menschen radikal unterschätzt. Überhaupt kann man – mit Jan-Philipp Reemtsma – die Idee, »man könne erfolgversprechend vor Gegenwärtigem warnen, wenn man zeigt, wohin das mal geführt hat«, für »nicht besonders gut halten« (Reemtsma 2010: 6) oder – mit Ulrich Herbert – der begründeten Auffassung sein, dass man nichts über die SA wissen muss, um zu wissen, dass man das Haus der türkischen Nachbarn nicht anzünden darf. Wenn Lernen am historischen Gegenstand einen Sinn haben kann, dann doch nur den, ein Sensorium für die Potenziale zum Guten oder Schlechten entwickeln zu können, die in Gegenwartskonstellationen schlummern und sich ein wirksames Unterscheidungsvermögen dafür zuzulegen, welche Option unter gegebenen Bedingungen humanen und welche gegenmenschlichen Entwicklungen dient.

Konkret würde das dem entsprechen, was Volkhard Knigge eine »Zivilgeschichte der Zukunft« nennt und was sich in den folgenden Feldern bearbeiten ließe: »politische und soziokulturelle Formen der Stabilisierung bzw. Destabilisierung der Grundsolidarität mit dem Menschen als Mensch; die gesellschaftliche Verursachung von Angst, deren Folgen und Überwindung; Würde, Selbstachtung und Partizipation; Strukturen und Dynamik sozialer und kultureller Exklusion und Inklusion; Vertrauen und Gewalt. Im Blick auf den Stalinismus ließe sich unter anderem als Arbeitsfeld der Zusammenhang von diskursiver Konfliktaustragungsunfähigkeit und Gewalt als Medium gesellschaftlicher Entwicklung und Steuerung hinzufügen« (Knigge 2010: 15). Und wir würden unsererseits hinzufügen, dass eine solche Zivilgeschichte der Zukunft sich nicht um eine negative Geschichte zentrieren darf, sondern um die Möglichkeiten gelingenden und glücklichen Zusammenlebens. Die Menschheitsgeschichte besteht schließlich nicht nur aus Schrecken, sondern auch aus Momenten des Glücks, des Erfolgs, des zivilisatorischen Fortschritts. Erst vor diesem Hintergrund bekommen ja die historischen Fehlentwicklungen und Katastrophen Bedeutung: Von welchem Entwicklungspfad der Moderne war denn der Nationalsozialismus eine radikale Abweichung, zu welchen gesellschaftlichen Leitvorstellungen bildet er denn die Antithese?

Und: Wie lässt sich das heute erreichte zivilisatorische Niveau gegen künftige Gefährdungen sichern, wie lässt es sich auch unter Bedingungen von Ressourcenknappheit und nachhaltigem Wirtschaften kultivieren? Nur vor dem Hintergrund solcher Leitfragen und nur ohne Einschüchterung durch Geschichte wird eine Erziehung zur Mündigkeit erfolgreich sein können. Jetzt ist der Raum leer. Sehen wir uns also die ausgeräumten Dinge an, und schauen wir, was man davon noch gebrauchen kann.

# II. Sichtung

## Welches Bewusstsein von welcher Geschichte?

Schülerinnen und Schüler werden gegenwärtig mit einem völlig unzutreffenden Bild der Geschichte der antijüdischen Ausgrenzungsgesellschaft ausgestattet: Denn die gesellschaftliche Wirklichkeit des »Dritten Reiches« wird durch das Prisma des Holocaust betrachtet, und im Blick durch dieses Prisma sieht der Alltag des Nationalsozialismus durchgängig gewaltvoll und totalitär aus. Dabei war die Massenvernichtung erst das Ergebnis eines gerade acht Jahre jungen, ungeheuer beschleunigten gesellschaftlichen Wandlungsprozesses. Und dieser fand nicht in einer »gleichgeschalteten«, sondern in einer durchaus heterogenen, funktional differenzierten Gesellschaft statt.

Daher muss man, wenn man das Handeln von Menschen im Referenzrahmen des »Dritten Reiches« rekonstruieren möchte, den Prozess der Nationalsozialisierung verfolgen, also die Melange aus dem, was nach der »Machtergreifung« neu in die gesellschaftliche Praxis Deutschlands eingeführt wurde, und aus dem, was auch nach dem 30. Januar 1933 so blieb wie zuvor. Es ist wiederholt darauf hingewiesen worden, dass man

Alltag im Nationalsozialismus sah auch so aus: Coca-Cola-Ausschank im Berliner Tiergarten 1937

die gesellschaftliche Wirklichkeit des »Dritten Reiches« nicht mit dem propagandistischen Bild verwechseln darf, das die Regisseure und Texter aus Goebbels' Ministerium mit wachsender Perfektion von ihm entwarfen. Auch das »Dritte Reich« bestand nicht aus pausenlosen Olympiaden und Reichsparteitagen, aus Aufmärschen und pathetischen Ansprachen, denen blonde zopftragende Volksgenossinnen mit glänzenden Augen lauschten. Es bestand zunächst einmal aus derselben Menge Alltag, der in jeder möglichen Gesellschaft das Leben von Menschen strukturiert: Kinder gehen in die Schule, Erwachsene zur Arbeit oder zum Arbeitsamt, sie zahlen Miete, gehen einkaufen, frühstücken und essen zu Mittag, treffen sich mit Freunden oder Verwandten, lesen Zeitungen oder Bücher und diskutieren über Sport oder Politik. All diese Dimensionen des Alltags mögen im Lauf des zwölfjährigen Bestehens des »Dritten Reiches« zunehmend mit ideologischen und rassistischen Versatzstücken imprägniert worden sein, sie blieben aber trotzdem Gewohnheiten und Routinen, also ein vom »so-wie-immer« geprägter Alltag.

## Strukturwandel der Öffentlichkeit

Gesellschaften basieren auf materiellen, institutionellen und mentalen Infrastrukturen, also auf Dingen wie Fabriken, Straßen und Schulen sowie – was manchmal übersehen wird – auf Traditionen, Gewohnheiten und Deutungsmustern. Alle drei Typen von Infrastrukturen bilden die für selbstverständlich gehaltene Welt. Sie bilden die Grundierung des Alltagslebens, und sie weisen spezifische Trägheiten auf. An ihnen ändert sich nämlich nicht viel, selbst wenn sich in Politik oder Wirtschaft gravierende Brüche zeigen. Denn auch diese Infrastrukturen sind nur Teilsysteme in einem komplexen gesellschaftlichen Gefüge – äußerst wichtige zweifellos, aber sie machen eben nicht die gesellschaftliche Totalität aus. Auch im Nationalsozialismus wachten die Bürgerinnen und Bürger am Morgen des 31. Januar 1933 nicht in einer neuen Welt auf. Die war noch dieselbe wie am Tag zuvor, lediglich die Nachrichten waren neu. Sebastian Haffner beschreibt denn auch in der »Geschichte eines Deutschen« den 30. Januar 1933 nicht als Revolution, sondern als Regierungswechsel – und ein solcher war in der Weimarer Republik keineswegs ein ungewöhnliches Ereignis. Für Haffner bestand »das Erlebnis des 30. Januar tatsächlich nur in Zeitungslektüre – und den Empfindungen, die sie auslöste« (Haffner 2000: 105). Beides wird natürlich in den möglichen Folgen und Bedeutungen erwogen und diskutiert, aber das werden andere politische Neuigkeiten auch.

Man könnte auch formulieren, dass weite Bereiche des bestehenden Referenzrahmens weiterhin funktionierten. Wie hätte man also auf die Idee kommen sollen, dass eigentlich eine ganz neue Interpretation der Realität nötig gewesen wäre, dass hier nicht einfach etwas geschah, was man nach den gewohnten Maßstäben deuten konnte? Und selbst wenn jemand genau dieses Gefühl gehabt hätte: Woher würde er die Instrumente genommen haben, mit denen er diese neue Wirklichkeit hätte dechiffrieren können?

In der Sozialpsychologie ist das Phänomen des »systematischen Rückschaufehlers« seit Langem gut beschrieben. Wenn das Ergebnis eines sozialen Prozesses feststeht, meint man immer, schon von Beginn an gewusst zu haben, worauf das Ganze hinauslaufen würde, und man findet nachträglich jede Menge Zeichen, die schon lange zuvor auf den Zusammenbruch oder das Desaster hingewiesen hatten. Deshalb erzählen zum Beispiel alle Zeitzeuginnen und Zeitzeugen in Interviews, ihr Vater oder Großvater habe am 30. Januar 1933 sofort gesagt: »Das bedeutet Krieg!« Der Rückschaufehler hilft einem, sich auf der Seite der Hellsichtigen und Wissenden zu positionieren, während man als Teil eines historischen

Transformationsprozesses in Wahrheit nie sieht, worauf dieser zusteuert. Allenfalls aus großer Distanz kann man eine Beobachterperspektive einnehmen, aus der man die Selbstmissverständnisse und Irrtümer der direkt einbezogenen Akteure erkennt. Und selbst wenn ein, zwei oder drei Ebenen des funktional differenzierten Gebildes einer Gesellschaft sich verändern, bleiben immer noch unendlich viele andere exakt so, wie sie zuvor auch waren. Brot gibt es immer noch beim Bäcker, die Straßenbahnen fahren noch immer wie gewohnt, für das Studium muss man lernen und um die kranke Oma sich sorgen.

Vergemeinschaftungsprozesse sind auch unter neuen politischen Vorzeichen widersprüchlich, und für die Nationalsozialisierung gilt das in besonderem Maße: Denn neben der ostentativen Betonung des Völkischen und der politischen Praxis der Ausgrenzung folgte die nationalsozialistische Gesellschaft den gleichen Praktiken wie andere moderne Industriegesellschaften – mit ihren technischen Imperativen und Faszinosa, mit Beschäftigungs- und Konjunkturprogrammen, mit einer Kulturindustrie, mit Sport, Freizeit und öffentlichem Leben. Hans Dieter Schäfer hat das in einer viel zu wenig beachteten Untersuchung schon 1981 als »gespaltenes Bewusstsein« bezeichnet und akribisch beschrieben, was alles auf der Benutzeroberfläche des »Dritten Reiches« ganz unnationalsozialistisch blieb: wozu die schwunghaft steigenden Absatzzahlen von Coca-Cola ebenso zählen wie das Vorhandensein ausländischer Zeitungen an den Großstadtkiosken, wie die Hollywoodfilme im Kino oder der schuldenfinanzierte Wirtschaftsaufschwung, der es vielen Volksgenossinnen und

Volksgenossen erlaubte, an den Annehmlichkeiten einer modernen Konsumgesellschaft teilzuhaben (Schäfer 2009).

Die unterschiedliche, teilweise widersprüchliche Entwicklung gesellschaftlicher Teilbereiche des »Dritten Reiches« stellt insofern gar nichts Besonderes dar, als wahrscheinlich alle modernen Gesellschaften widersprüchliche Vergemeinschaftungsformen entwickeln, weil die verschiedenen Funktionsbereiche jeweils andere Bedingungen ihres Funktionierens haben: Eine Schule bleibt in ihren Funktionsbedingungen auch dann noch eine Schule, wenn der Lehrplan vorsieht, dass in Biologie auch Eugenik gelehrt wird, und eine Fabrik funktioniert auch dann noch immer wie eine Fabrik, wenn sie Koppelschlösser für die Uniformen der SA produziert. Deshalb steht das Alltagsleben der Erkenntnis im Weg, dass etwas Neues, ganz und gar Unerwartetes geschieht.

Das fällt nur dann auf, wenn etwas augenblicklich zusammenbricht, wie bei einem Erdbeben. Veränderungen, bei denen die wesentlichen Parameter des Alltagslebens erhalten bleiben, werden in ihrer Tragweite immer erst viel später erkannt. Das heißt nicht, dass alles unsichtbar bliebe, was sich verändert. Es wird aber in den vorhandenen Referenzrahmen geordnet und als Modifikation im Gegebenen betrachtet.

Die Trägheit der Infrastrukturen einer Gesellschaft, ihr gelebter Alltag, macht den einen, sehr gewichtigen Teil des gespaltenen Bewusstseins aus: Den anderen Teil bildet, was sich verändert, und insbesondere das, was den Referenzrahmen modifiziert. Das ist zum einen das Handeln des Regimes, welches mit Propaganda, Verordnungen, Gesetzen, Verhaftungen, Gewalt und Terror, aber auch mit Attraktions- und Identifika-

1937 konnte man am Kiosk am Leipziger Platz in Berlin die englischsprachigen Magazine LIFE und TIME kaufen.

tionsangeboten operiert, zum anderen eine sich in Reaktion darauf verändernde Wahrnehmung und Haltung auf Seiten der nicht immer engagierten, gleichwohl teilhabenden Bevölkerung, die sich ihren Reim auf das macht, was geschieht. Die antijüdischen Maßnahmen wie die Boykotts der jüdischen Geschäfte von Ende März und Anfang April 1933 wurden, wie man weiß, in der Bevölkerung durchaus widersprüchlich wahrgenommen, so wie viele antijüdische Maßnahmen später auch. Genau das ist aber – wenngleich es auf den ersten Blick paradox erscheinen mag – ihr integrierendes Moment: Denn auch die nationalsozialistische Gesellschaft hatte noch genügend soziale Räume und Teilöffentlichkeiten, in denen man unter Seinesgleichen über das Für und Wider von Maßnahmen und Aktionen sprechen konnte.*

Man verkennt den sozialen Funktionsmodus einer modernen Diktatur wie des Nationalsozialismus, wenn man glaubt, er integriere seine Bevölkerung über Homogenisierung. Das Gegenteil ist der Fall: Er integriert über das Aufrechterhalten von Differenz, so dass auch noch diejenigen, die gegen das Regime, kritisch gegenüber der Judenpolitik, im Herzen sozialdemokratisch oder was auch immer sind, ihren sozialen Ort finden, an dem sie sich austauschen können und Gleichdenkende finden. Dieser Integrationsmodus findet sich bis hinein in die Einsatzgruppen und Reservepolizeibataillone, die keineswegs aus gleichgeschalteten, dumpfen Vollstreckern, sondern aus denkenden Menschen bestanden, die sich untereinander darüber verständigten, was sie taten und ob sie zu den Guten oder den Schlechten gehörten (Welzer 2005). Der soziale Integrationsmodus jeder Behörde, jedes Betriebs, jeder Universität besteht in Differenz, nicht in Homogenisierung – überall finden sich Subgruppen, die sich von den an-

* Hierzu Sebastian Haffner: »Das Seltsame und Entmutigende freilich war, dass – jenseits des ersten Schreckens – diese erste großzügige Bekundung einer neuen Mordgesinnung in ganz Deutschland eine Flut von Unterhaltungen und Diskussionen entfesselte – nicht etwa über die Antisemitenfrage, sondern über die ›Judenfrage‹. Ein Trick, der den Nazis seither auch in vielen anderen ›Fragen‹ geglückt ist: Indem sie irgend jemand – ein Land, ein Volk, eine Menschengruppe – öffentlich mit dem Tode bedrohten, brachten sie es zustande, dass nicht ihre, sondern seine Lebensberechtigung plötzlich allgemein diskutiert – d.h. in Frage gestellt wurde. Jeder fühlte sich auf einmal bemüßigt und berechtigt, sich eine Meinung über die Juden zu bilden und sie zum besten zu geben« (Haffner 2000: 139ff.).

deren abgrenzen. Das zerstört nicht den Zusammenhang des sozialen Aggregats, es begründet ihn.

Auch wenn das NS-Regime die Pressefreiheit abschaffte, Zensur ausübte und in ihrer massenmedial höchst modernen Propaganda eine systemkonforme öffentliche Sphäre schuf, die natürlich nicht spurlos an den Auffassungen der Einzelnen vorüberlief, wäre es ein Missverständnis, ginge man davon aus, dass damit der Meinungspluralismus und die Diskussion vollständig abgeschafft worden wären.

»Aus mehr als zwei Jahrzehnten Forschung zur Sozial- und Mentalitätsgeschichte der NS-Diktatur, zur ›Volksmeinung‹ jener Zeit wissen wir, dass die Bevölkerung des Deutschen Reiches zwischen 1933 und 1945 nicht im Zustand totalitärer Uniformität lebte, sondern dass es in einem erheblichen Umfang Unzufriedenheiten, abweichende Meinungen und divergierende Verhaltensweisen gab.

Es war jedoch ein besonderes Charakteristikum der deutschen Gesellschaft unter dem NS-Regime, dass solche Bekundungen von Widerspruch vor allem im privaten, höchstens im halböffentlichen Bereich (also auf den Kreis von Freunden und Kollegen, den Stammtisch, die unmittelbare Nachbarschaft beschränkt) erfolgten beziehungsweise innerhalb noch bestehender Strukturen traditioneller sozialer Milieus, die sich gegenüber der nationalsozialistischen Volksgemeinschaft behaupten konnten – also etwa innerhalb von Pfarrgemeinden, in dörflichen Nachbarschaften, in Zirkeln der konservativen Elite, in bürgerlichen Verkehrskreisen, in nicht zerstörten Reststrukturen des sozialistischen Milieus« (Longerich 2006: 25 ff.).

Allerdings weiß man inzwischen auch, dass die Zustimmung zum System von 1933 bis zum Überfall auf die Sowjetunion kontinuierlich anwuchs, so dass es an der Zeit wäre, die gesellschaftliche Wirklichkeit des »Dritten Reiches« als ein soziales Parallelogramm zu beschreiben, in dem sich die emotionale und materielle Lage der nichtjüdischen Deutschen in dem Maße verbesserte, wie sich die Situation der »Nichtarier« verschlechterte. Das bedeutet zugleich, dass man die Geschichtsvermittlung von der Vorstellung freimachen muss, dass es bei Gesellschaftsverbrechen auf der einen Seite »Täter« gibt, die Verbrechen planen, vorbereiten und ausführen, und auf der anderen Seite Unbeteiligte oder »Zuschauer«, die einen tiefgreifenden Gesellschafts- und Wertewandel lediglich indifferent zur Kenntnis nehmen. Mit solchen Personenkategorien kann der Handlungszusammenhang, der schließlich in den Massenmord und in die Vernichtung führte, nicht angemessen beschrieben werden. Es gibt nämlich in einem solchen Zusammenhang keine Zuschauer, es gibt auch keine Unbeteiligten. Es gibt nur Menschen, die gemeinsam, jeder auf seine Weise, der eine intensiver und engagierter, der andere skeptischer und gleichgültiger, eine gemeinsame soziale Wirklichkeit von Tätern und Opfern herstellen. Die nationalsozialistische Gesellschaft vermochte eine ungeheure psychosoziale Energie und Dynamik bei ihren Mitgliedern gerade deshalb freizusetzen, weil das »Tausendjährige Reich« von den meisten nichtjüdischen Deutschen als ein gemeinsames Projekt empfunden wurde, an dem sie teilhaben wollten und auch durften.

Für die Erinnerungs- und Geschichtskultur bedeutet die

Auflösung der strikten Unterscheidung von Tätern und Zuschauern allerdings eine erhebliche Komplikation. Denn die inzwischen ausgeprägte Bereitschaft der Deutschen, sich mit den nationalsozialistischen Verbrechen und dem Holocaust auseinanderzusetzen, geht nicht zuletzt darauf zurück, dass die Verantwortung für eben diese Verbrechen leicht zu externalisieren ist – verantwortlich waren die »Nazis«, die SS, die »Hundertfünfzigprozentigen«, die »KZ-Schergen« etc., ohne dass man genau bestimmen könnte, wer mit solchen unscharfen Gruppenbezeichnungen gemeint wäre. Zuschauer, Mitläufer, gar Verführte bekommen im Angesicht solcher Referenzfiguren der Täterschaft eine vergleichsweise harmlose Rolle zugewiesen – ihr Fehlverhalten beschränkt sich darauf, nicht (genug) eingegriffen und somit Schlimmes nicht verhindert zu haben. Der beständige Appell an die Zivilcourage, der die Erinnerungskultur und ihre pädagogischen Ziele auch heute noch prägt, geht genau auf dieses Bild vom passiven Bystander zurück: als habe eben nicht die Bevölkerungsmehrheit aktiv und willentlich die Ausgrenzung eines Teils der Bevölkerung begrüßt, befördert und davon profitiert, sondern als seien so ziemlich alle dagegen gewesen und hätten nur nicht recht gewusst, was sie richtigerweise hätten tun sollen.

## Ausgrenzung erinnern

Die Agenten der Erinnerungskultur in den Schulen, Gedenkstätten, Volkshochschulen etc. sollten endlich zur Kenntnis nehmen, dass sie schon fast ein halbes Jahrhundert lang erfolgreich gearbeitet haben und dass es gerade deshalb darauf ankommt, die erinnerungskulturelle Perspektive neu zu justieren: nämlich auf die Frage hin, wie eine moderne Gesellschaft des christlich-abendländischen Kulturkreises sich in kürzester Zeit in eine radikale Ausgrenzungsgesellschaft verwandeln konnte – und zwar so, dass die nichtjüdischen Deutschen die sukzessive Veränderung ihrer normativen Orientierungen selbst gar nicht bemerkten und die ganze Zeit über in der Lage waren, ihre gegenmenschlichen Haltungen mit dem moralischen Selbstbild in Einklang zu bringen, gute Menschen zu sein. Wir haben es ja mit einem rapiden gesellschaftlichen Wertewandel zu tun, in dem es die meisten Bürgerinnen und Bürger 1933 für völlig undenkbar gehalten hätten, dass nur wenige Jahre später unter ihrer tätigen Teilhabe die Juden nicht nur ihrer Rechte und Besitztümer beraubt, sondern zur Tötung abtransportiert würden. Diese selben Bürgerinnen und Bürger sehen ab 1941 die Deportationszüge vom Berliner Bahnhof Grunewald abfahren, nicht wenige von ihnen haben inzwischen »arisierte« Kücheneinrichtungen, Wohnzimmergarnituren oder Kunstwerke gekauft, einige führen Geschäfte oder wohnen in Häusern, die den jüdischen Besitzern geraubt worden sind. Und sie finden das völlig normal.

Bei alldem geht es, wie man sieht, nicht um mangelnde Zivilcourage, denn die hätte das Bewusstsein vorausgesetzt, dass hier Unrecht geschieht, sondern um die Etablierung einer Ausgrenzungsgesellschaft, in der Täter und Opfer einen sozialen Zusammenhang bilden, in dem es keine Zuschauer gibt. Eine erinnerungskulturelle Programmatik müsste vor diesem Hintergrund nicht mehr das monumentalisierte Grauen der Vernichtungslager ins Zentrum stellen, sondern das unspektakulärere, alltäglichere Bild einer Gesellschaft, die zunehmend verbrecherisch wird oder, genauer gesagt, normativ umcodiert, was als erwünscht und verwerflich, gut und schlecht, ordnungsgemäß und kriminell gilt. Diese Umjustierung hätte neben einer größeren Realitätsangemessenheit den Vorteil, dass der Alltag der Ausgrenzung an die lebensweltlichen Erfahrungen und Bezüge auch von Schülerinnen und Schülern aus anderen Kulturen anschlussfähig wäre. Wenn die um den Holocaust zentrierten erinnerungskulturellen Anstrengungen einen Sinn haben können, dann doch offensichtlich den, begreiflich zu machen, dass unter bestimmten Bedingungen sich nicht nur die bösen Menschen zu gegenmenschlichem Verhalten entscheiden, sondern auch die guten. Das ist das Problem. Das Deportationsgleis 17 lag nicht auf einem Lagergelände, auch nicht auf einer Industriebrache, sondern mitten im Berliner Stadtteil Grunewald, einem der bürgerlichsten und saturiertesten Viertel der Reichshauptstadt.

## Die öffentliche Ausgrenzungsgesellschaft

Alle Einzelschritte des sozialen Ausgrenzungsprozesses der jüdischen Deutschen fanden in der Öffentlichkeit statt. Vom Tag der sogenannten Machtergreifung an vollzog sich in Deutschland ein fundamentaler Wertewandel, in dem es zunehmend als normal empfunden wurde, dass es kategorial unterschiedliche Menschengruppen gab, für die entsprechend unterschiedliche Normen des zwischenmenschlichen Umgangs auf der einen und der Rechtsetzung und -anwendung auf der anderen Seite galten (Welzer 2005: 48 ff.). Man kann zur Rekonstruktion des Wertewandels im nationalsozialistischen Deutschland, der sich als fortschreitende Normalisierung radikaler Ausgrenzung bezeichnen lässt, zeitgenössische Quellen heranziehen, die, wie die Aufzeichnungen Sebastian Haffners, die Tagebücher Victor Klemperers oder Willy Cohns oder die Briefe Lilly Jahns auf der Mikroebene des sozialen Alltags nachzeichnen, wie in verblüffend kurzer Zeit Menschengruppen aus dem Universum der sozialen Verbindlichkeit ausgeschlossen werden – aus jenem Universum also, in dem Normen wie Gerechtigkeit, Mitleid, Nächstenliebe etc. noch in Kraft sind, aber nicht mehr für diejenigen gelten, die per definitionem aus der Gemeinschaft ausgeschlossen sind. Man übersieht bei der Betrachtung des nationalsozialistischen Systems häufig, dass dieses zwar ein Unrechts- und Willkürsystem gewesen ist, dass die Willkür und das Unrecht aber fast ausschließlich die Nichtzugehörigen traf, während die Mitglieder der Volksgemeinschaft nach wie vor in weiten Bereichen sowohl Rechtssicherheit als auch staatliche Fürsorge genossen.

So zeigt eine retrospektive Befragung mit 3000 Personen, die in den 1990er Jahren durchgeführt wurde, dass nahezu drei Viertel der vor 1928 geborenen Befragten niemanden kannten, der aus politischen Gründen mit der Staatsgewalt in Konflikt geraten war und deshalb verhaftet oder verhört worden war (Johnson/Reuband 2005: 349). Noch mehr Befragte gaben an, sich selbst niemals bedroht gefühlt zu haben, und das, obwohl in derselben Befragung zu hohen Anteilen angegeben wird, dass man illegale Radiosender gehört oder Witze über Hitler und kritische Äußerungen über die Nazis gemacht habe (ebd.: 357).

Ein höchst bemerkenswertes Ergebnis dieser Studie liegt auch darin, dass sich im Nachhinein jeweils zwischen einem Drittel und mehr als der Hälfte der Befragten dazu bekennen, an den Nationalsozialismus geglaubt, Hitler bewundert und nationalsozialistische Ideale geteilt zu haben (ebd.: 330ff.). Ein ähnliches Bild zeichnet eine Allensbach-Umfrage aus dem Jahr 1985. Die Befragten, die 1945 mindestens 15 Jahre alt gewesen sein mussten, bekennen hier zu 58 Prozent, an den Nationalsozialismus geglaubt zu haben, 50 Prozent sahen ihre Ideale in ihm verkörpert, 41 Prozent bewunderten den »Führer« (zit. n. Reuband 2006).

Dabei zeigt sich auch, dass die Zustimmung zum NS-System mit dem Niveau des Bildungsabschlusses zunimmt – was dem gängigen Vorurteil zuwiderläuft, dass Bildung vor gegenmenschlichen Einstellungen schützt. Mit höherer Bildung stieg auch das Einvernehmen mit Hitlers Welt, und die Aspekte, die seiner Politik positiv zugeschrieben werden, sind auch in dieser Studie die Bekämpfung von Arbeitslosigkeit und Kriminalität sowie der Bau der Autobahnen. Ein Viertel der Befragten betonen noch ein halbes Jahrhundert nach dem Ende des »Dritten Reiches« das Gemeinschaftsgefühl, das damals herrschte (Johnson/Reuband 2005: 341).

Dieses freilich bezog sich auf die Mitglieder der Volksgemeinschaft, und deren Gemeinschaft wurde gerade dadurch gestiftet, dass nicht jeder zu ihr gehören konnte. Das verbreitete Gefühl, nicht bedroht zu sein und keinerlei Repression zu unterliegen, beruhte auf einem starken Gefühl der Zugehörigkeit, deren Spiegelbild die täglich demonstrierte Nichtzugehörigkeit von anderen Gruppen, insbesondere von Juden, war. Unmittelbar nach dem 30. Januar 1933 setzte eine ungeheuer beschleunigte Praxis der Ausgrenzung der Juden ein, und zwar ohne relevanten Widerstand der Mehrheitsbevölkerung – obwohl mancher vielleicht über den »SA- und Nazipöbel« die Nase rümpfte oder die einsetzende Kaskade der antijüdischen Maßnahmen als unfein, ungehörig, übertrieben oder einfach als inhuman empfand. Was wir mit »ungeheuer beschleunigt« meinen, lässt sich mit einer Auflistung von Saul Friedländer illustrieren:

»Im März 1933 untersagte die Stadt Köln Juden die Benutzung städtischer Sportanlagen. Vom 3. April an mussten in Preußen Anträge von Juden auf Namensänderung dem Justizministerium vorgelegt werden [...]. Am 4. April schloss der deutsche Boxer-Verband alle jüdischen Boxer aus. Am 8. April sollten alle jüdischen Dozenten und Assistenten an Universitäten des Landes Baden unverzüglich entlassen werden. Am 18. April entschied der Gauleiter von Westfalen, dass einem Juden das Verlassen des Gefängnisses« auf Kaution nur gestattet würde, wenn der Kautionssteller bereit wäre, »an seiner Stelle ins Gefängnis zu gehen. Am 19. April wurde der Gebrauch des Jiddischen auf Viehmärkten in Baden verboten. Am 24. April wurde die Verwendung jüdischer Namen zum Buchstabieren im Telefonverkehr untersagt. Am 8. Mai verbot es der Bürgermeister von Zweibrücken Juden, auf dem nächsten Jahrmarkt Stände zu mieten. Am 13. Mai wurde die Änderung jüdischer Namen in nichtjüdische verboten. Am 24. Mai wurde die restlose Arisierung der deutschen Turnerschaft angeordnet, wobei die vollständige arische Abstammung aller vier Großeltern gefordert wurde« (Friedländer 1998: 49ff.).

Besonders bemerkenswert an dieser äußerst unvollständigen, lediglich beispielhaften Liste ist zum einen die Kreativität im Auffinden der unterschiedlichsten Aspekte des »Jüdischen«, wie bei der Buchstabierliste für den Telefonverkehr, zum anderen das freiwillige, oft vorauseilende Praktizieren antijüdischer Ausgrenzungsmaßnahmen durch Privatpersonen in Vereinsfunktionen oder durch Kommunalbeamte, die die entsprechenden Maßnahmen durchaus nicht hätten ergreifen müssen, sondern aus freien Stücken ergriffen haben. Das verweist nicht nur auf antisoziale Bedürfnisse, die nun unter den neuen Verhältnissen freudig befriedigt werden, sondern auch darauf, dass solche Maßnahmen innerhalb der entsprechenden Vereine, Verbände und Kommunen bei Nichtbetroffenen auf Zustimmung, jedenfalls nicht auf Protest oder gar auf Widerstand stoßen.

Im sozialen Alltag des Nationalsozialismus sind solche Maßnahmen, die andere treffen, aber von Nichtbetroffenen natürlich zur Kenntnis genommen werden, allgegenwärtig. Kaum ein Tag verging ohne eine neue Maßnahme. Die antijüdischen Gesetze, die die normsetzende Spitze dieses Eisbergs ausgrenzender Praxis bilden, sind das »Gesetz zur Wiederherstellung des Berufsbeamtentums« vom 7. April 1933, das unter anderem die Versetzung aller »nichtarischen« Beamten in den Ruhestand vorsah.

Noch im selben Jahr wurden 1200 jüdische Professoren und Dozenten entlassen, ohne dass auch nur eine einzige Fakultät dagegen protestiert hätte. Am 22. April 1933 werden »nichtarische« Kassenärzte aus den kassenärztlichen Vereinigungen ausgeschlossen (Bruns-Wüstefeld 1997: 69). Am 14. Juli 1933 wird das »Gesetz zur Verhütung erbkranken Nachwuchses« verabschiedet, auf dessen Grundlage Hunderttausende zwangssterilisiert wurden.

Wie immer auch die Gesetze und Maßnahmen bei den einzelnen Volksgenossinnen und Volksgenossen ankamen – festzuhalten ist, dass sich auch in dieser frühen Phase, die ja zumindest auch für die Nichtbetroffenen einen erheblichen Wertewandel hinsichtlich zwischenmenschlicher Umgangsformen bedeutete, keinerlei Unmut artikulierte. Aber was heißt hier eigentlich Nichtbetroffene? Wenn man den Vorgang der Ausgrenzung, Beraubung und Vernichtung als einen Handlungszusammenhang betrachtet, ist es logisch unmöglich, von Nichtbetroffenen zu sprechen: Wenn eine Personengruppe auf solch schnelle, verdichtete, öffentliche und nichtöffentliche Weise aus der Welt der moralischen Verbindlichkeit ausgeschlossen wird, dann bedeutet das umgekehrt, dass sich der wahrgenommene und gefühlte Stellenwert der Zugehörigkeit zur Volksgemeinschaft erhöht.

So ist es psychologisch kein Wunder, dass die praktische Umsetzung der Theorie von der »Herrenmenschenrasse« äußerst zustimmungsfähig war. Vor dem Hintergrund dieser in Gesetze und Maßnahmen gegossenen Theorie konnte sich nämlich noch jeder sozial deklassierte ungelernte Arbeiter ideell jedem jüdischen Schriftsteller, Schauspieler oder Geschäftsmann überlegen fühlen, zumal dann, wenn der ablaufende gesellschaftliche Prozess dann auch die faktische soziale und materielle Deklassierung der Juden durchsetzte. Die Aufwertung, die der einzelne Volksgenosse auf diese Weise erfährt, besteht auch im Gefühl einer relativ verringerten sozialen Gefährdung – einem ganz neuen Lebensgefühl in einer exklusiven Volksgemeinschaft, zu der man nach den wissenschaftlichen Gesetzen der Rassenauslese so unabänderlich gehörte, wie die anderen genauso unabänderlich niemals gehören konnten.

Während es den einen zunehmend schlechter ging, fühlten sich die anderen immer besser. Das nationalsozialistische Projekt bot ja nicht nur eine glanzvoll ausgemalte Zukunft, sondern auch ganz handfeste Gegenwartsvorteile wie zum Beispiel Karrierechancen. Der Nationalsozialismus hatte eine extrem junge Führungselite, und nicht wenige gerade der jüngeren Volksgenossinnen und -genossen konnten große persönliche Hoffnungen mit dem Siegeszug der »arischen Rasse« verbinden.* Vor diesem Hintergrund ist die enorme Freiset-

---

* Eine zeitgenössische Statistik gab das Durchschnittsalter der führenden Personen in der Partei mit 34 und im Staat mit 44 Jahren an (vgl. Aly 2005: 12 ff.).

zung von individueller und kollektiver Energie zu verstehen, die diese Gesellschaft kennzeichnete.

Seine psychosoziale Durchschlagskraft bezog das nationalsozialistische Projekt aus der unmittelbaren Umsetzung seiner ideologischen Postulate in eine greif- und fühlbare Wirklichkeit, und Interviews mit ehemaligen Volksgenossinnen und -genossen legen immer noch Zeugnis ab von der psychosozialen Attraktivität und emotionalen Bindungskraft dieses Ein- und Ausschließungsprozesses. Nicht umsonst besteht bis heute weitgehende Übereinstimmung unter den Zeitgenossen, dass das »Dritte Reich« mindestens bis zum Russlandfeldzug als »schöne Zeit« zu beschreiben sei; bei vielen geht diese Zuordnung auch noch bis weit in den Krieg hinein (vgl. z.B. Niethammer/von Plato 1985; Welzer/Montau/Plaß 1997; Welzer/Moller/Tschuggnall 2002; Johnson/Reuband 2005: 341). Die Ausgrenzung, Verfolgung und Beraubung der Anderen wurde kategorial nicht als solche erlebt, weil diese Anderen per definitionem eben schon gar nicht mehr dazugehörten und ihre antisoziale Behandlung den Binnenbereich der Moralität und Sozialität der Volksgemeinschaft gar nicht mehr berührte.

Ein besonders betrübliches Kapitel in diesem Zusammenhang bilden die sogenannten Arisierungen jüdischer Geschäfte und Unternehmen sowie die öffentlichen Versteigerungen von Wert- und Einrichtungsgegenständen aus geraubtem jüdischem Besitz. Während insgesamt etwa 100000 Betriebe im Zuge der »Arisierung« ihre Besitzer wechselten, lässt sich die Beteiligung an den Versteigerungen kaum noch quantifizieren, aber anhand von Beispielen wenigstens dimensionieren. In Hamburg etwa wurden 1941 die Ladungen von 2699 Güterwagen und 45 Schiffen voll »Judengut« versteigert; 100 000 Hamburger ersteigerten Möbel, Kleidungsstücke, Radios und Lampen, die aus etwa 30 000 jüdischen Familien stammten (Aly 2005: 154). Rechnet man die Familienmitglieder hinzu, wächst die Zahl der direkten Profiteure ganz erheblich. Hinzu kamen der vieltausendfache Besitzerwechsel von Immobilien, Autos, Kunstgegenständen etc. Gelegentlich wurden übrigens die Behörden schon mit der Bitte nach besonders begehrten Gütern bedrängt, noch bevor ihre rechtmäßigen Besitzer abtransportiert worden waren, und es werden auch Fälle geschildert, in denen bei noch nicht deportierten Juden geklingelt wurde, damit man schon mal in Augenschein nehmen konnte, was man auf der bereits angesetzten Versteigerung erwerben könne (Bajohr/Pohl 2006: 30 ff.).

Welche Bedeutung steckt hinter solchen Zahlen für die historische Vermittlungspraxis? Eine ganz entscheidende: Ist doch hier zu sehen, wie über scheinbar alltägliche, marktförmige Transfers die soziale Praxis der Ausgrenzung verläuft. Die Hamburger Familien bestanden mehrheitlich nicht aus moralisch korrumpierten Menschen und fanatischen Antisemiten, sondern aus Personen, die eine günstige Gelegenheit wahrnahmen, die sich scheinbar ohne ihr Zutun ergeben hatte. Dass es dieses Zutuns in funktional differenzierten Gesellschaften nicht bedarf, um ausgrenzend und beraubend wirksam zu werden, lässt sich viel nutzbringender und einleuchtender in den Unterricht einbringen, als wenn man die unzutreffende Auffassung verbreitet, dass »aus Nachbarn Feinde« oder »aus Freunden Gegner« geworden seien. So etwas geschieht ja nicht von selbst, sondern ist Ergebnis komplexer Handlungsbedingungen. Wenn, um ein anderes Beispiel zu nennen, unter der deutschen Besatzung die nichtjüdischen Bewohner einer ukrainischen Stadt ihre Türen mit christlichen Kreuzen versehen, um der Verfolgung durch die Deutschen zu entgehen, liefern sie damit der Besatzungsmacht einen höchst effektiven Suchoperator. Wo keine Kreuze sind, sind die Juden zu finden. Sind die nichtjüdischen Ukrainer damit Kollaborateure? Liefern sie ihre jüdischen Nachbarn ans Messer? Sind sie, mit einem Wort, schlechte Menschen? (Christ 2011)

Es geht um soziale Handlungszusammenhänge, in denen veränderte Handlungsweisen und Verhaltensnormen nicht vertikal von oben nach unten durchgesetzt werden, sondern in denen auf praktische Weise das Verhältnis zwischen den Menschen entsolidarisiert und eine neue soziale Wirklichkeit etabliert wird. Unter den Normalitätsannahmen dieser Wirklichkeit mag es zwar ein Durchschnittsvolksgenosse noch 1941 für undenkbar halten, dass Juden umstandslos getötet werden, aber nichts Bemerkenswertes darin sehen, dass Ortsschilder verkünden, dass der entsprechende Ort »judenfrei« sei, dass Parkbänke nicht von Juden benutzt werden dürfen, und auch nicht mehr darin, dass die jüdischen Bürger deportiert werden. Die Zeiten ändern sich eben.

## Die Praxis der Erinnerungskultur

Insgesamt lautet der Befund also, dass die Judenverfolgung die Zustimmungsbereitschaft der meisten nichtjüdischen Deutschen zum Nationalsozialismus nicht behinderte, sondern förderte und dass eine Ausgrenzungsgesellschaft keineswegs »gleichgeschaltet« und homogen sein muss, um ihre tödliche Wirksamkeit zu entfalten. Wie kann so etwas in einer Erinnerungs- und Geschichtskultur angemessenen Ausdruck finden? Sicher nicht durch Formen, die es über fiktive Identifikationen mit Opfern und über artifizielle Betroffenheit erlauben, auf Abstand von solchen Befunden zu gehen und sich durch diesen Abstand zu ersparen, Bezüge zwischen einer jeweils gelebten Gegenwart und einer rituell erstarrten Vergangenheitsbetrachtung herzustellen. Wenn der Holocaust nicht aus Mangel an Zivilcourage, sondern als ein in breiten Teilen der Bevölkerung zustimmungsfähiges Projekt zustande gekommen ist, liegt darin die Herausforderung, in der Gegenwart die Potenziale für antisoziales Verhalten, für die Aufweichung rechtsstaatlicher Prinzipien oder für gegenmenschliche Praktiken zu erkennen. Dann aber wäre die Erinnerung nicht museal und identifikatorisch, sondern gegenwärtig, reflexiv und politisch.

Wer sechs Jahrzehnte nach dem Holocaust in die Schule geht, hat keine Erinnerung an ihn – er kann allenfalls etwas über ihn lernen. Die sich erinnern konnten, gibt es kaum noch. Aber mit dem Verschwinden der Zeitzeugen wird die Geschichte auch wieder frei, zu einer lebendigen Betrachtung nämlich, zum Gebrauch. Sie wird zukunftsfähig. Und:

Die Geschichte von Nationalsozialismus und Holocaust wird kalt. Heiß war sie, solange der lebendige generationelle Zusammenhang in ihre Zeit zurückreichte, als es noch Opas gab, die Wehrmachtssoldaten, SS-Männer, Parteimitglieder oder aber Gegner, Verfolgte oder Opfer waren. Eine vierte, fünfte Generation nach dem Holocaust hat solche Opas nicht mehr. Welche Freiheit damit verbunden ist, zeigt die Ambivalenzfähigkeit heutiger Jugendlicher genauso, wie die schlichte, aber ungeheuer wichtige Tatsache, dass Hitler erstmals keine bedeutende Figur mehr ist, sondern endlich als jene lächerliche Gestalt imaginiert werden kann, wie sie beispielsweise Walter Moers in »Adolf – Ich hock in meinem Bonker« entworfen hat.

Filmclips dieser Art zeigen ebenso wie eine Reihe von Spielfilmen – von »Inglourious Basterds« bis zu »Mein Führer« – eine Brechung der mythischen Aura der nationalsozialistischen Herrschaft an, die lange überfällig war, aber erst mit dem wachsenden generationellen Abstand möglich wird. Noch die zahllosen Fernsehfeatures zu »Hitlers Frauen«, »Hitlers Helfern« usw. transportierten neben inhaltlicher Kritik immer auch die Vorstellung, man habe es bei alldem mit etwas »Großem«, gar mit einer historisch bedeutsamen Persönlichkeit zu tun. Nicht nur dass darin ein Moment der Tradierung des nationalsozialistischen Selbstbildes aufscheint – es leistet auch einer Personalisierung des historischen Geschehens Vorschub, die weder der Aufklärung über die Geschichte noch der Geschichts- und Erinnerungskultur förderlich ist. Wie Norbert Elias in seiner Studie über »Die höfische Gesellschaft« (Elias 1983) gezeigt hat, bedarf auch der noch so autokratisch oder diktatorisch scheinende Herrscher einer

Entmystifizierung von Diktatur und Diktator: Hitler-»Entchen« in der Badewanne, aus Walter Moers' »Adolf – Ich hock in meinem Bonker«.

spezifischen Figuration von Personen und einer bestimmten Konstellierung von Machtpositionen und -interessen, damit er herrschen kann. Auch ein Diktator operiert in einem sozialen Umfeld, und auch eine Diktatur ist eine Herrschaftsform des Sozialen. Sie bedarf der Zustimmung (Aly 2005). Dass sie ihre Herrschaft auf Gewalt und Zwangsmittel baut, sollte nicht den Blick dafür verstellen, dass eine reine Zwangsherrschaft immer zerbrechlich ist: Die Machtmittel reichen, zumal in modernen Gesellschaften, nicht für die totale Beherrschung jedes einzelnen Gesellschaftsmitglieds aus; immer bleibt ein Rest von Eigensinn und Widerständigkeit erhalten, der die totale Herrschaft prinzipiell gefährdet.

Auch von daher ist die Entmystifizierung von Diktatur und

Diktator dringend angezeigt, und dass sie sich – endlich – vollzieht, ist ebenfalls das Ergebnis des Fortrückens der generationellen Aufmerksamkeit von jenem historischen Kristallisationspunkt, der durch den Nationalsozialismus, den »Führer« und den Holocaust markiert ist. Mit zunehmender Entfernung wird auch Hitler kleiner. Und uninteressanter.

## Hitler vergessen

Ja, Hitler kann vergessen werden. Die beständige Aufmerksamkeit, die ihm in der Geschichtskultur zukommt, steht der emanzipatorischen Funktion historischer Aufklärung im Weg, wie überhaupt das Vergessen eine radikal unterbewertete humane Fähigkeit ist. Und auch eine politische. Denn im heutigen »Erinnerungswesen« (Christian Meier) hat sich der unterstellte Wert des Erinnerns völlig verselbstständigt und ergeht sich in den unendlichen Wiederholungen eines historisch entleerten »Nie wieder« und dem Sprechen sinnfreier Mantras vom Typ »Das Geheimnis der Erlösung heißt Erinnerung« oder »Wer sich der Geschichte nicht erinnert, ist verurteilt, sie zu wiederholen«.

Christian Meier hat darauf hingewiesen, dass es nach Bürgerkriegen lange Zeit eine Tradition des Vergessens des Vorgefallenen gegeben hat, und zwar gerade damit die Geschichte sich nicht wiederhole. Denn diese Gefahr besteht immer dann, wenn Gesellschaften nicht in der Lage sind, nach Gewaltereignissen befriedende Strategien des Vergessens zu entwickeln. Meier zeichnet die lange Tradition der Friedensschlüsse nach, die dezidiert das »Vergessen des Schlimmen« statuieren, um Rachegelüste und Ressentiments stillzulegen und gesellschaftliche Neuanfänge zu ermöglichen. Diese Tradition reicht von der Antike über den Westfälischen Frieden 1648 bis zum Friedensvertrag von Lausanne 1923, und vor diesem historischen Spektrum wird man durchaus sagen können, dass die Verordnung von Amnesien und Amnestien eine historisch außerordentlich erfolgreiche Praxis war.

Allerdings handelt es sich bei dem zentralen Gewaltereignis des 20. Jahrhunderts, dem Holocaust, weder um einen zwischenstaatlichen Krieg noch um einen Bürgerkrieg, sondern um einen von der Größenordnung und der Art der Durchführung her einzigartigen Genozid, um den Prozess der Vernichtung einer als nichtzugehörig definierten Minderheit durch eine Mehrheit der Zugehörigen. Dass so etwas in einer modernen, von Philosophie, Literatur und Christentum imprägnierten Gesellschaft möglich war, wirft zweifellos andere Fragen auf als die, wie man nach der Verwüstung durch einen Bürgerkrieg weitermachen und wo man neu ansetzen könne.

Meiers Erinnerung an die Möglichkeit des Vergessens ist gleichwohl notwendig, plädiert sie doch für eine Kritik dessen, was sich unter dem Rubrum »Erinnerungskultur« und »Holocaustgedenken« etabliert hat: die Gegenaufklärung, die aus der absurden Operation resultiert, einen historischen Prozess von seinem Ende her verstehen zu wollen. »Die uralte Erfahrung«, resümiert Christian Meier, »wonach man nach solchen Ereignissen besser vergisst und verdrängt als tätige

Erinnerung walten zu lassen, ist noch keineswegs überholt. Und es ist keineswegs ausgemacht, dass tätige Erinnerung Wiederholung ausschließt« (Meier 2010: 97).

Es ist Zeit, die manichäischen Bilder von bösen Tätern, guten Opfern und hilflosen Zuschauern zu vergessen und den Blick auf die Handlungszusammenhänge und sozialen Prozesse zu richten, die gegenmenschliche Resultate hervorbringen, die kein Einzelner geplant und die niemand vorhergesehen hat. Die Geschichtskultur und -pädagogik sollte sich also von der Hypostasierung des scheinbar erratischen Großgeschehens Holocaust abwenden und ihren Blick auf die Potenziale richten, die ihn ermöglichten. Und sie sollte endlich auch diejenigen einschließen, die sich auch unter den Bedingungen der NS-Gesellschaft abweichend verhalten haben. Hier liegt ja ein erstaunlich ungenutztes Lernpotenzial. Aus unserer Sicht ist eine der rätselhaftesten Eigentümlichkeiten des »Erinnerungswesens«, dass es vor allem den Schrecken erinnert, nicht aber diejenigen, die etwas getan haben, um ihn zu verhindern oder wenigstens abzumildern.

## Helferinnen und Helfer

Helfer und Retter im Nationalsozialismus treten in ganz unterschiedlicher Gestalt und mit ganz unterschiedlicher Motivation auf: Sie kommen aus den unterschiedlichsten Schichten, haben die unterschiedlichsten politischen und religiösen Einstellungen, sind Frauen oder Männer, handeln allein, zu zweit oder im Rahmen größerer Netzwerke. Gemeinsam haben sie offenbar nur, dass sie Handlungsspielräume dort wahrnehmen, wo andere keine sehen. Dabei ist aber immer auch die Frage relevant, ob man diese Spielräume wahrnehmen will. Es könnte also eine große Aufgabe für die Pädagogik und den Geschichtsunterricht darin liegen, Handlungsspielräume sehen zu lehren.

Als der mit einer sogenannten Arierin verheiratete und deshalb noch nicht aus Deutschland deportierte Jude Victor Klemperer am 18. Februar 1942 einen Gemüseladen aufsucht, geschieht etwas Überraschendes. Die Gemüsefrau bietet Klemperer, der mit dem vorschriftsmäßigen Stern am Mantel deutlich als Jude zu erkennen ist, Lebensmittel an, obwohl er dafür keine Marken hat. Als er die dankbar bezahlen will, geht eine andere Kundin, eine alte Dame, dazwischen und besteht darauf, für ihn zu bezahlen. Klemperer gerät vollends in Verwirrung, als die Gemüsefrau ihn bittet, in Zukunft besser abends zu kommen, da könne sie ihm mehr geben. Am Tag sei das zu auffällig, weil sie auch die SA beliefere. Klemperer erklärt ihr daraufhin, Juden dürften nur noch zwischen drei und vier Uhr nachmittags einkaufen, worauf sie entgegnet: »Dann kommen Sie in Ihrer Zeit vorbei – ich werde Ihnen ein Zeichen geben, wenn die Luft rein ist« (Klemperer 1995: 331).

Victor Klemperer, dem zu diesem Zeitpunkt schon fast vollständig alle Existenzmöglichkeiten genommen sind, der geschlagen, beschimpft, angespuckt und zur Zwangsarbeit verpflichtet worden ist, verlässt, wie er hinterher in sein Tagebuch schreibt, das Gemüsegeschäft regelrecht »erschüttert«. Kein Wunder, denn die beiden Damen aus dem Laden stellen im Dresden des Jahres 1942 in der Tat eine Ausnahme dar, obwohl Klemperer gelegentlich notiert, dass sogenannte arische Deutsche ihn auf der Straße oder in der Trambahn ansprechen und ihm versichern, sie empfänden es als Schande, wie mit den Juden umgegangen wird.

Von solchen Unmutsäußerungen ist es aber noch ein weiter Weg zu kleinen Hilfeleistungen, wie sie die Gemüsefrau erbringt, und von dort wiederum ist es ein großer Schritt dazu, jemanden vor Verfolgung zu schützen oder zu verstecken. Das Spektrum, das zwischen Gesten von Solidarität und dem Verstecken von Verfolgten liegt, ist breit. Es reicht vom Familienvater, der seine Kinder auffordert, Juden demonstrativ zu grüßen, über Personen wie den von dem Schauspieler Michael Degen beschriebenen »meschuggenen SS-Mann«, der Degens Mutter und ihn selbst aus unerfindlichen Gründen regelmäßig mit Lebensmitteln versorgt (Degen 1999), weiter über Menschen, die ihre Ausweise als verloren melden, sie in Wahrheit aber organisierten Helfern im Untergrund zur Verfügung stellen, bis hin zu Personen, die unter eigenem Verhaftungsrisiko Juden aufnehmen und manchmal über Jahre hinweg verstecken.

Das Wagnis, das die nichtjüdischen Deutschen mit ihrem jeweiligen Verhalten eingehen, ist entsprechend geringer oder größer: Der Kontakt mit Juden in der Trambahn hätte allenfalls zu einer Rüge geführt, das Anbieten von Gemüse vielleicht zu einer Vorladung und Ermahnung, das Weitergeben von Ausweispapieren zu erheblichen Schwierigkeiten, das Verstecken von Juden zur Haft in einer Strafanstalt oder in einem Konzentrationslager.

Insgesamt ist die moralische Bewertung des Verhaltens der nichtjüdischen Deutschen im »Dritten Reich« nicht leicht. Der Druck auf die Bevölkerung war, wie man heute weiß, keineswegs so groß und umfassend, wie es in der Nachkriegszeit gern dargestellt wurde; auch das Wissen darum, was den deportierten Juden geschah, war viel verbreiteter, als es das bis heute gängige »Man hat ja nichts gewusst!« nahelegt. Andererseits sind risikolose Unterstützungsleistungen, die natürlich ebenfalls halfen, das vielleicht doch noch vorhandene schlechte Gewissen zu beruhigen, nicht selten vorgekommen. Und man weiß zum Beispiel heute auch, dass die Einführung des Judensterns im September 1941 dazu geführt hatte, dass die Bevölkerung eher mit den Betroffenen sympathisierte, als sich noch weiter von ihnen zu distanzieren, was Propagandaminister Goebbels mit tiefer Empörung zur Kenntnis nehmen musste (vgl. Longerich 2006).

Nicht wenige Menschen brachten mit ihren Sympathiebezeugungen für einzelne Juden ihre Antipathie gegen das Nazi-System zum Ausdruck und fanden darin ein kleines, persönliches Mittel des politischen Protests. Nur wenige wussten allerdings, dass sie mit freundlich gemeinten Äußerungen die Angesprochenen in erhebliche Gefahr brachten. Klemperer wundert sich ohnehin verschiedentlich darüber, wie wenig die nichtjüdischen Deutschen über die Situation der noch in Deutschland lebenden Juden wissen und dass sie keine Ahnung davon haben, dass Juden weder die Straßenbahn benutzen noch nur zu bestimmten Zeiten einkaufen dürfen. Dass die Perfidie der Bürokraten schon längst ersonnen hatte, dass sie kein Fahrrad mehr besitzen, keine Zeitungen mehr abonnieren und keine Haustiere mehr halten durften, war den meisten entgangen – aus Desinteresse oder deshalb, weil solche Maßnahmen lediglich den jüdischen Organisationen mitgeteilt, aber ansonsten nicht öffentlich bekannt gemacht wurden.

Durch den sozialen Alltag in Deutschland verlief längst eine tiefe Kluft. Während die Volksgenossinnen und Volksgenossen wenigstens bis zu den ersten Rückschlägen im Russlandfeldzug noch voller fiebriger Begeisterung für »die große Zeit« waren, die sie miterleben und mitgestalten durften, war der Handlungs- und Lebensraum der jüdischen Deutschen inzwischen so eng geworden, dass die wenigen Verbliebenen sich nur noch aus dem Haus trauten, wenn es unvermeidlich war. Man sieht an der eigenen Unsicherheit darüber, wie man das Verhalten der Frauen im Gemüseladen bewerten soll, einen Nachklang davon, dass sich im »Dritten Reich« gegenüber der Zeit vorher und nachher deutlich verschoben hatte, was als »normal« galt und was als »unnormal«. Würde man zuvor eine alltägliche Freundlichkeit wie die der Frauen im Gemüseladen für völlig »normal«, für wünschens- und lobenswert gehalten haben, wird sie nun, unter den gegenmenschlichen Verhältnissen der Volksgemeinschaft, zu etwas ganz anderem: nämlich zu abweichendem, unnormalem Verhalten, das sogar mit Strafe bedroht sein kann.

Umgekehrt ist das, was zuvor als grob niederträchtig betrachtet worden wäre, jetzt erlaubt und sogar gefordert – wie etwa das Schlagen, Beschimpfen oder Anspucken von jüdischen Männern, Frauen und Kindern. Dabei muss man im Auge behalten, dass der Nationalsozialismus zwar ein Unrechtsstaat gewesen ist, dies aber insbesondere darin, dass er zwei kategorial und rechtlich völlig unterschiedliche Menschengruppen geschaffen hat: die Volksgemeinschaft und diejenigen, die – als Juden, Andersdenkende oder Behinderte – nicht zu ihr gehörten. Für die Mitglieder der Volksgemeinschaft existierte eine weitgehende Rechtssicherheit nach wie vor; für sie galt auch die christlich geprägte Moral noch genauso wie das Tötungs- oder Diebstahlsverbot. Aber all dies galt eben nicht mehr für diejenigen, die nicht dazugehörten und die infolge ihrer juristischen und sozialen Ungleichstellung in atemberaubender Geschwindigkeit ins soziale Abseits gestellt wurden.

Als Ergebnis dieser Entwicklung standen sich eine riesige Wir-Gruppe und eine relativ kleine Sie-Gruppe gegenüber, die von 1933 an zunehmender Entrechtung, Beraubung und Gefährdung von Leib und Leben ausgesetzt war. Die Wir-Gruppe teilte sich dabei in eine übergroße Mehrheit, die die neue Situation aus Überzeugung, aus eigenem Vorteil oder einfach nur deswegen begrüßte, weil alle anderen auch gegen die Juden waren, und eine verschwindend kleine Minderheit, die an traditionellen Vorstellungen von Solidarität, Mitleid und Hilfe festhielt. Dieses Festhalten konnte so aussehen, dass der Bäcker in einem kleinen Ort bei Bad Kreuznach die jüdischen Familien weiterhin mit Brot versorgte, das nachts heimlich ausgeliefert wurde, und später als Begründung dafür angab: »Wir haben doch immer Zopfbrote (Challah) für die Juden gebacken, schon zu Zeiten meiner Eltern. Sie brauchten sie zum Sabbath« (Henry 1992: 133).

In diesem Fall spielte ebenfalls eine Rolle, dass die Schwester des jungen Bäckers sehr eng mit einem jüdischen Mädchen aus dem Dorf befreundet war. Bestehende soziale Beziehungen sind eine wichtige Ressource für Unterstützung und Hilfe, sie sind aber keineswegs immer ausreichend dafür, dass diese tatsächlich geleistet werden. Wir kennen zahllose Beispiele, wo Freundschaften aufgekündigt oder wortlos beendet wurden, langjährige enge Mitarbeiter entlassen und Ehen geschieden wurden, weil es plötzlich als ungünstig erschien, mit Juden zu tun zu haben. Der vor einigen Jahren bekannt gewordene Fall der jüdischen Ärztin Lilli Jahn etwa, die im Konzentrationslager umkam, während ihr »arischer« Ehemann längst eine neue Beziehung pflegte, hat darüber ein bedrückendes Zeugnis abgelegt (Doerry 2002).

Soziale Nähe allein ist also kein zwingender Grund für Mitmenschlichkeit; sie kann, wie auch die Forschung zur Denunziation im »Dritten Reich« zeigt, umgekehrt sogar einen Grund für Unmenschlichkeit liefern. Hilfeverhalten hat ebenso nichts damit zu tun, wie gebildet oder religiös jemand ist oder welcher sozialen Schicht er angehört. Da gibt es etwa die verwitwete Frau Lange in Berlin, die eine kleine Kammer in ihrer Wohnung zwei jungen untergetauchten Juden zur Verfügung stellt. Wie Cioma Schönhaus, einer der beiden, der mit ihrer Hilfe überleben konnte, berichtet, hat Frau Lange dabei nur eine Sorge: »Was sage ich meinem Sohn, wenn der von der Front auf Urlaub kommt? Er ist vielleicht gar nicht damit einverstanden, dass ich Juden beherberge. Und ich erwarte ihn in den nächsten Tagen« (Schönhaus 2004: 111). Frau Langes Sorge erweist sich als unbegründet. Der überraschte Sohn ist begeistert vom Verhalten seiner Mutter und freut sich, die beiden Untergetauchten kennenzulernen. Er zeigt ihnen Fotos von Judenerschießungen im Osten und beschwört sie, im Untergrund zu bleiben und extrem vorsichtig zu sein. Er selbst sei froh, dass sie, während er an der Front sei, jedenfalls seine Kammer benutzen und seine Schallplatten hören könnten.

Ein anderer Helfer im Umkreis von Cioma Schönhaus ist der biedere Herr Jankowski, der von Amts wegen dafür zuständig ist, Ausweispapiere für russische Emigranten auszustellen, und der seine Position dafür nutzt, auch den untergetauchten Juden Schönhaus mit solchen Papieren zu versorgen. Jankowski hatte geradezu auf eine solche Gelegenheit zum Helfen gewartet, weil er darunter litt, russischen Offizieren und Adligen, die mit den Deutschen kollaborierten, Ausweise ausstellen zu müssen, während gleichzeitig russische Kriegsgefangene verhungerten und russische Frauen in der Zwangsarbeit zugrunde gingen.

Das Leben der versteckten Juden im Untergrund ist nur dank solch couragierter, man könnte auch sagen großherziger Personen möglich, die sich aus Mitmenschlichkeit, politischen Gründen oder einfach ohne große Überlegung dafür entscheiden, Unterstützung und Hilfe zu leisten. Meist sind mehrere Faktoren zugleich für diese Entscheidung verantwortlich; oft ist es aber auch so etwas wie eine praktische, ganz handfeste Moral, die ohne großes Nachdenken zu der Auffassung führt, dass man doch so, wie es in Deutschland jetzt gefordert scheint, mit Menschen nicht umgehen kann.

Die meisten dieser selbstlosen Personen sind nicht zum Helfer geboren; viele geraten, wie der Sohn von Frau Lange, eher zufällig in eine Situation, in der ihr Einsatz gefragt ist.

Juden, die untergetaucht sind, um einer Deportation zu entgehen oder die von einem Transport geflohen sind, befinden sich oft in einer so verzweifelten Lage, dass sie sich entschließen müssen, einfach irgendjemanden anzusprechen und um Beistand, um etwas zu essen oder um einen Unterschlupf für eine Nacht zu bitten. Das ist natürlich extrem gefährlich, weil die Unsicherheit, dabei an den Falschen zu geraten und sofort verraten zu werden, viel größer ist als die Chance, auf jemanden zu treffen, der spontan zur Hilfe bereit ist – was ja nicht völlig selbstverständlich ist, weil auch unter gewöhnlicheren Umständen die meisten sicher lange überlegen werden, ob sie einen oder gar mehrere fremde Personen in ihrem Haus aufnehmen sollen, umso mehr dann, wenn darauf noch empfindliche Strafen stehen.

Die Historikerin Beate Kosmala berichtet von der Familie des polnischen Kleinbauern Antoni Bielinski, die zu fünft in einem 35 Quadratmeter großen Häuschen lebte, das aus einer Küche und einem Wohnraum bestand.

»Im September 1942 klopfte eine fünfköpfige fremde jüdische Familie an sein Haus und bat um Unterkunft für eine Nacht, was ihnen gewährt wurde. An den folgenden Tagen wiederholten sie ihre Bitte, und Familie Bielinski erlaubte ihnen zu bleiben. Einige Wochen später kam noch ein weiteres Mitglied der jüdischen Familie dazu. Im November wurde Antoni Bielinski plötzlich festgenommen und zur Arbeit nach Treblinka gefahren, den Grund für seine Verhaftung wusste er nicht. Nach zwei Monaten konnte er auf seinen Hof zurückkehren, wo die sechs Flüchtlinge immer noch versteckt waren. Im März 1943 stürmte überraschend eine Gestapoabteilung von 18 Männern das kleine Anwesen. Die jüdischen Mitbewohner hatten sich zum Glück in ihrem Unterschlupf versteckt. Familie Bielinski musste sich mit dem Gesicht zur Wand stellen, die entsicherten Gewehre waren auf sie gerichtet, während die Gebäude nach den Juden durchsucht wurden. Niemand wurde gefunden. Nachdem sie alle Lebensmittel auf dem Hof geplündert hatten, brachten die Gestapomänner Antoni Bielinski ins Gefängnis. Trotz Folter und Verhör gab er nichts zu, so dass er aus Mangel an Beweisen nach vier Wochen freigelassen wurde. Die jüdische Familie hielt sich bis zur Befreiung bei den Bielinskis verborgen. Seine Erinnerung an die letzten Monate des Krieges fasste Herr Bielinski so zusammen: ›Es wurde sehr beschwerlich, denn nach meiner zweiten Verhaftung verdächtigten wir jeden und nahmen uns vor jedem in acht. Jedes Hundegebell war ein schlimmes Zeichen. [...] Das waren Erlebnisse, die man nicht erzählen kann.‹ Als Grund, weshalb sie diese Menschen aufgenommen hatten, gab er an: ›Wir brachten es nicht übers Herz, sie wegzuschicken.‹« (Kosmala/Schoppmann 2002: 86 ff.).

An diesem Fall zeigt sich, wie die Mitglieder einer ganzen Familie, die vielleicht niemals zuvor daran gedacht hätten, zu Judenrettern werden zu können, sich durch Zufall in regelrechte Helferkarrieren hineinbewegen. Dabei spielt neben der spontanen praktischen Moral, dass man jemanden nicht wegschicken kann, der einen um Beistand bittet, natürlich gleichfalls eine Rolle, dass der erste Schritt in eine illegale Verhaltensweise einen selbst dem gleichen Risiko aussetzt, das für jene ohnehin bestand, die man nun versteckt. Am Beispiel der Bielinskis ist sehr deutlich zu sehen, wie die Familie mehr und mehr auch zum potenziellen Opfer der Besatzungsherrschaft wird und wie ihr eigenes Verhalten mit zunehmender Repression misstrauischer und argwöhnischer wird, weil die Umstände faktisch für sie sehr bedrohlich geworden sind. Dieser Fall und viele ähnliche zeigen, dass man sich mit seiner Entscheidung zum Helfen schnell selbst auf der Seite der möglichen Opfer befindet.

Und von dieser Seite der Helfer gibt es kaum einen Weg zurück, und hinsichtlich des Risikos, dem man sich ausgesetzt hat, macht es keinen Unterschied mehr, ob man eine Person, zwei oder fünf Personen schützt. Allerdings muss man sich für die richtige Einschätzung solchen Verhaltens vor Augen führen, was es bedeutete, unter Verhältnissen wie im Polen des Jahres 1942 jüdische Menschen zu verstecken. Das bedeutet nicht allein, irgendwo im oder unter dem Haus Platz für mehrere Menschen zu finden, und zwar so, dass diese bei einer Durchsuchung wirklich unauffindbar bleiben können; es hat auch zur Folge, Lebensmittel zu besorgen und die Exkremente der Versteckten fortzuschaffen. Wenn die Versteckten Kinder haben, wird es häufig besonders gefährlich, weil man kleinen Kindern im Fall von Hausdurchsuchungen nur schwer klarmachen kann, dass sie nicht das geringste Geräusch machen dürfen. Wenn jemand krank wird oder gar stirbt, wird die Situation haarsträubend kompliziert, aber oft ist schon problematisch, die normalen Freundschafts- oder Nachbarschaftsbeziehungen aufrechtzuerhalten, denn man weiß ja nie, wie Freunde oder Verwandte reagieren, wenn sie bei einem Besuch feststellen, dass untergetauchte Personen im Haus versteckt sind.

Häufig ist es so, dass einzelne Familienmitglieder sofort zur Gestapo oder zu den Besatzungsbehörden gehen würden, wenn sie wüssten, dass ihre Eltern oder Geschwister Juden verstecken. In einem anderen Fall in Polen war es eine völlig ungebildete, einfache Landarbeiterin, die in einem Kellerloch unter ihrem Haus über Jahre hinweg acht Menschen verbarg, obwohl ihr Sohn Angehöriger einer Hilfstruppe der SS war.

Die Archive von Yad Vashem, die Jahr für Jahr Helfer und Retter wie Oskar Schindler oder Friedrich Graebe mit dem Titel »Gerechter unter den Völkern« auszeichnen, nehmen nur solche Personen in den Kreis der Geehrten auf, die unentgeltlich geholfen haben, was die Realität gänzlich verkennt, weil man Menschen, die selbst unter ärmlichsten Verhältnissen leben, kaum verdenken kann, wenn sie Geld für ihre Unterstützung angenommen haben. Viele Rettungstaten wären ohne Bezahlung gar nicht möglich gewesen, denn es ist den meisten unter den Bedingungen von Nahrungsknappheit oder eingeschränktem freiem Verkauf völlig unmöglich gewesen, plötzlich für eine, zwei oder mehrere Personen Nahrungsmittel zu beschaffen. Oft waren dafür Bestechungen, Fälschungen von Lebensmittelkarten, die Bezahlung von Schwarzmarktpreisen usw. erforderlich, wobei übrigens jeder einzelne solcher Versuche, etwas zu essen zu besorgen, als kriminell galt und das Risiko der eigenen Entdeckung erhöhte. Übrigens wurde Hilfe für Juden in keinem Land so rigoros verfolgt und so hart bestraft wie in Polen unter deutscher Besatzung.

Man muss also bei der Einschätzung von Helferverhalten im Auge behalten, welche Möglichkeiten in den jeweiligen Ländern objektiv überhaupt bestanden haben und welchem Risiko sich eine Person oder eine Familie mit ihrer Entscheidung zu helfen aussetzte. In diesem Sinne nimmt eine polnische Landarbeiterin, die ganz allein und ohne Unterstützung Juden versteckt, ein deutlich höheres Risiko auf sich als ein dänischer Fischer, der im Rahmen der berühmten kollektiven Rettungsaktion der dänischen Juden eine jüdische Familie nach Schweden bringt. Damit sind nicht nur die in den Ländern jeweils unterschiedlichen Bedingungen für mögliche Hilfeleistungen angesprochen, sondern es findet auch der besonders wichtige Aspekt Berücksichtigung, ob jemand ausschließlich auf seine eigene Initiative und Findigkeit angewiesen ist oder ob die Helfer und Retter in ein Netzwerk von anderen, zum Teil geradezu professionellen Helfern eingebunden sind. Es macht einen erheblichen Unterschied, ob man völlig auf sich allein gestellt ist oder ob man sich der technischen und emotionalen Unterstützung anderer versichern kann und eine soziale Rückendeckung genießt, die einem das Gefühl gibt, das Richtige und Notwendige zu tun. Beate Kosmala und Claudia Schoppmann haben aufgrund der von ihnen dokumentierten Fälle errechnet, dass ein untergetauchter Jude im Durchschnitt mit sieben Helfern zu tun hatte – eine Zahl, die man freilich nicht mit der Anzahl der überlebenden Juden multiplizieren kann, weil viele Helfernetzwerke sich personell überschnitten. Umgekehrt standen Einzelne oft mehreren Personen zur Seite, so beispielsweise die Berliner Angestellte Helene von Schell, die zwei Jahre lang vier Personen in ihrer Wohnung versteckte (Borgstedt 2004: 311).

Ein sehr großes Helfernetzwerk existierte, wie die Historikerin Marion Neiss nachgezeichnet hat, um den promovier-

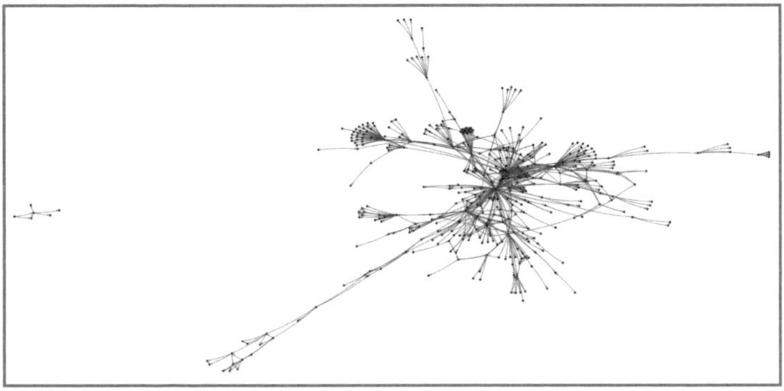

Helfernetzwerk von Franz Kaufmann (1938–1943), der u. a. Verbindungen aus seiner Zeit in der Reichsfinanzverwaltung nutzte.

ten Rechts- und Staatswissenschaftler Franz Kaufmann in Berlin, der bis 1936 hohe Ämter in der Reichsfinanzverwaltung bekleidete und dann in den Ruhestand versetzt wurde, weil er aus einer jüdischen Familie stammte (Neiss 2001: 241 f.). Kaufmann, der während des Ersten Weltkriegs mehrfach ausgezeichnet wurde, bemüht sich bei Kriegsbeginn 1939 um eine Aufnahme als Kriegsfreiwilliger in die Wehrmacht, was abgelehnt wird. 1942 wird er zur Zwangsarbeit verpflichtet und fängt an, seine alten Verbindungen zu nutzen, um untergetauchten und flüchtigen Juden zu helfen. Er organisiert Ausweise oder lässt diese, unter anderem von dem bereits erwähnten Cioma Schönhaus, fälschen, besorgt Werksausweise von AEG, Telefunken und Siemens, Lebensmittelkarten usw. Kaufmann ist auch deswegen enorm erfolgreich, weil er aufgrund seiner früheren beruflichen Position über hervorragende Kontakte verfügt und darüber informiert wird, wenn irgendeine seiner eigenen Aktionen oder einer seiner Leute ins Visier der Gestapo zu geraten droht.

Dieses Netzwerk rettet einer nicht genau bezifferbaren Anzahl von Personen das Leben. Im August 1943 fliegt es auf, weil eine jüdische Frau, die sich mit Kaufmanns Hilfe im Berliner Untergrund aufhält, denunziert und verhaftet wird, was eine ganze Kette von weiteren Festnahmen auslöst, die schließlich zur Sprengung von Kaufmanns Organisation und zu seiner Inhaftierung führen. Im Februar 1944 wird er im Konzentrationslager Sachsenhausen erschossen.

Kaufmann, dessen Lebensweg durchaus Zeugnis davon ablegt, dass er, wäre er nicht selbst Opfer der rassistischen Verfolgung geworden, ein treuer Diener des Staates geblieben wäre, schreibt in der Haft: »Durch die Verwurzelung in christlicher Auffassung und auch durch vorgerücktes Alter habe ich wohl ein verstärktes Gefühl für Not und Leid, das den Einzelnen mehr oder weniger unverschuldet trifft. Dadurch wurde ich, ohne es zu wollen, ein Anziehungs- und Sammelpunkt für jüdische Flüchtlinge. Sie ließen sich mit ihrem Vertrauen und mit der Hoffnung, dass ich auch seelisch helfen könne, nicht abweisen. Meine Hilfe galt nicht den Juden, weil sie Juden waren, sondern weil sie Menschen waren in Nöten und Ängsten. Aus meiner Hilfsfreudigkeit heraus hätte ich meine Kraft lieber an anderer Stelle zur Verfügung gestellt, z.B. im Kriegs-Sanitärdienst, wofür ich mich u.a. bei Kriegsbeginn auch vergeblich gemeldet habe, und ich hätte sie dort genau so gern eingesetzt, wie als Soldat im Weltkrieg« (Neiss, in: Schönhaus 2004: 232).

Auch Franz Kaufmann, der vielleicht professionellste und erfolgreichste Retter im Untergrund von Berlin, hat also nicht deshalb in diese Rolle gefunden, weil er zum Helfer und Retter geboren war, sondern weil er selbst zu den Betroffenen der nationalsozialistischen Verfolgungspolitik zählte. Das mindert nicht im Geringsten das, was er getan hat – es macht im Gegenteil nur deutlicher, dass er als ein aus dem Staatsdienst entlassener ehemaliger hoher Beamter einen Handlungsspielraum genutzt hat, den seine im Amt verbliebenen »arischen« Kollegen desto besser hätten nutzen können. Am Beispiel Kaufmanns zeigt sich einmal mehr, dass man auch aus Gründen, auf die man selbst keinen Einfluss hat, in die Rolle eines Helfers oder Retters geraten kann und dass diese Rolle, wenn sie einmal angenommen ist, dazu tendiert, sich immer weiter zu verstetigen und auszudehnen.

Helfer und Retter im Nationalsozialismus treten also in ganz unterschiedlicher Gestalt und mit ganz unterschiedlicher Motivation auf; sie kommen aus den unterschiedlichsten Schichten, haben die unterschiedlichsten politischen und religiösen Einstellungen, sind Frauen oder Männer, handeln allein, zu zweit oder im Rahmen größerer Netzwerke. Gemeinsam haben sie offenbar nur, dass sie Handlungsspielräume dort wahrnehmen, wo andere keine sehen. Dass dabei aber immer auch die Frage ist, ob man diese Spielräume wahrnehmen will, verdeutlichen die wenigen erwähnten Personen – von den Bielinskis über Frau Lange bis hin zu Franz Kaufmann – jede auf ihre Weise. Handlungsspielräume sehen lernen – das kann man vor allem anhand der eigenen, gegenwärtigen sozialen Praxis, als Schülerin an einer Schule, als Spieler in einem Fußballverein, als Mitglied einer demokratischen Gesellschaft. Der Blick auf eine historische Ausgrenzungskonstellation ist der einfache Blick von außen; der schwierigere, aber emanzipatorische Blick gilt den Binnenperspektiven der Akteure und jenem Wirklichkeitsausschnitt, den sie sehen. Deshalb ist die Figur des Zeitzeugen geschichtskulturell und -pädagogisch unglücklich.

## Zeitzeuginnen und Zeitzeugen

- *These 1:* Nur weil jemand zu einer bestimmten Zeit geboren wurde, hat er noch nichts weiterzugeben.
- *These 2:* Nur weil jemand zu historischen Schreckenszeiten gelebt hat, hat er noch nichts weiterzugeben.
- *These 3:* Die Funktion von etwas Weitergegebenem bemisst sich nach dem Gebrauchskontext, den das Weitergegebene in der Gegenwart findet.
- *These 4:* Vergangenheit an sich gibt es nicht.
- *These 5:* Erinnerung an Vergangenheit an sich gibt es nicht.

Diese Thesen bedürfen nur einer kurzen Kommentierung. Die Thesen 1, 2 und 3 hängen aufs Engste zusammen: Was ein Mensch aus einer Vergangenheit erzählt, gewinnt Sinn nur in dem Gegenwartshorizont, den er mit einem oder mehreren Rezipienten teilt. Das ist nicht spezifisch für ein sogenanntes Zeitzeugnis, sondern gilt für jede Information, die funktional erst im Kontext eines aktuellen oder zukünftigen Gebrauchs wird. Eine Vergangenheitserzählung an sich ist so bedeutungslos wie ein Datum ohne Interpretation oder eine Vokabel ohne Text. Dass man das Zeitzeugnis heute an sich für bedeutsam hält, liegt an der Überschätzung seines Informationsgehalts und vor allem seiner Wirkung in der Vermittlung. Der emotionale Kontext des Zeitzeugengesprächs sorgt zwar für eine beträchtliche Nachhaltigkeit der Inhalte, die vermittelt werden, diese selbst sind aber nicht immer förderlich für die Entwicklung realistischer Geschichtsbilder. Oft reproduzieren Zeitzeugen genau jene Stereotype, die man eigentlich auflösen sollte, und im Übrigen liefern Zeitzeuginnen und Zeitzeugen nur höchst selten Informationen über das hinaus, was aus anderen Quellen erschließbar ist.

Dass dies so ist, liegt an der Funktionsweise autobiografischen Erinnerns und Erzählens, das seinen perspektivischen Fluchtpunkt nicht in irgendeiner Vergangenheit, sondern immer in der jeweiligen Gegenwart des Erzählers hat, also in seiner Funktion als Erzähler. Seine Erinnerung und Erzählung verfertigt und überschreibt er aus dieser Funktion heraus, gestaltet sie so, wie er erwartet, dass seine Zuhörer erwarten, dass er sie gestalten wird. Das ist das Grundprinzip jeder sozialen Interaktion und wäre nicht weiter diskussionswürdig, würde nicht dem Zeitzeugnis »Authentizität« und damit gewissermaßen ein Wirklichkeitsvorsprung gegenüber anderen Erzähltypen unterstellt. Das Zeitzeugnis gewinnt autoritativen Charakter dadurch, dass es »selbst erlebt«, also biografisch und authentisch sei, weshalb es auch in Gedenkstätten, die vor allem auf den »biografischen Ansatz« und den »authentischen Ort« setzen, so intensiv gepflegt wird. Nun geben die Gedächtnisforschung ebenso wie die Geschichte »authentischer« Orte und daran gebundener Geschehnisse vielfältig Auskunft darüber, dass beide, die Erinnerung wie der Erinnerungsort, permanent in ihren Inhalten und Bedeutungen überschrieben werden; gültige Lesarten existieren mithin immer nur im Modus des Temporären.

Das leitet über zu den Thesen 4 und 5: Die Nachhaltigkeit der Erfahrung extremer Gewalt und extremer Abweichung vom Erwartbaren hat in der deutschen Erinnerungskultur zu einer Vereinseitigung hin zur Vergangenheit geführt, zu einer »Memorymania« (Aleida Assmann), in der Vergangenes nicht auf seinen Gebrauchswert hin befragt, sondern an sich für erinnernswert gehalten wird. Dabei entsteht Zukunftsvergessenheit, eine seltsam indifferente Haltung allem gegenüber, was Zukunftsbewältigung sein könnte, und die Vergangenheit hat ein solches Gewicht, dass sie die Gegenwart dominiert und die Zukunft dezimiert. Das ist, mit Dan Diner, eine kontraphobische Reaktionsbildung, war doch die Vergangenheit, die bis heute jene Schwerkraft ausübt, gerade durch eine ungeheure Zukunftsgewissheit gekennzeichnet.

## Reminiscence bump

Die Gedächtnisforschung zeigt darüber hinaus, dass Menschen die höchste retrospektive Erinnerungsintensität in Bezug auf die späte Adoleszenz und das junge Erwachsenenalter zeigen (»reminiscence bump«, vgl. Conway/Rubin 1993), auf jenes Lebensalter also, das bei der gegenwärtig sterbenden Generation mit dem historischen Verdichtungsgeschehen Nationalsozialismus und Krieg zusammenfiel. Schon von daher spricht viel dafür, dass die Intensität der Erinnerung an die NS-Vergangenheit, den Krieg und den Holocaust künftig abnehmen, sich devitalisieren wird; hinzu kommt, dass mit dem Heranwachsen der vierten und fünften Generation nach dem Holocaust die unmittelbare generationelle Verbindung zu diesem historischen Geschehenszusammenhang verschwindet. Von denen, die heute geboren und im Jahr 2024 Geschichtsunterricht haben werden, hat niemand mehr Großeltern, deren bewusste Lebenszeit in das »Dritte Reich« zurückreicht. Damit ist das Zeitzeugnis für diese Epoche dahin und seine Konserven, gleichgültig ob in Gestalt der Interviews der Shoa-Foundation oder des ZDF-Zeitzeugenbusses, werden zum für unterschiedliche Zwecke fungiblen, d. h. austauschbaren Inventar von Geschichten ohne vitale Einspruchsmöglichkeiten. Das nennt man Historisierung, und damit liegt die kurze Ära des Zeitzeugen hinter uns.

## Nach den Zeitzeugen

Die größte Zäsur bedeutet das Ende der Ära der Zeitzeuginnen und Zeitzeugen sicherlich für die Praxis der erinnerungskulturellen Pädagogik und für die Gedenkstättenarbeit. Dabei ist deutlich, dass die entstehende Lücke durch den Einsatz von Videos, die Erzählerinnen und Erzähler zeigen, nicht geschlossen werden kann, weil es den Rezeptionsgewohnheiten zuwiderläuft, längeren Erzählpassagen vor dem Bildschirm zu folgen, und weil der emotionale Rahmen der face-to-face-Interaktion fehlt. Die medialisierten Zeitzeugen bleiben fremd und weitgehend uninteressant; primär auf Videodokumente setzende Ausstellungskonzeptionen, wie etwa in Bergen-Belsen, wirken überfrachtet und langweilig.

Vielleicht macht aber das Verschwinden der Zeitzeugen aus der erinnerungskulturellen Arbeit nur deutlicher, dass sie vor allem in eine Kultur der Vermittlung passten, die in sich problematisch ist: Sie konstruiert den Rezipienten als eine Person, die etwas begreifen und verinnerlichen muss. Viel fruchtbarer auch für die beständige Neuerfindung der erinnerungskulturellen Institutionen wäre es, ihre Zielgruppen als Menschen zu betrachten, die aktiv mit ihnen begegnenden Wirklichkeiten umgehen und die mit vorgängigem Wissen und bereits geprägten Vorstellungsbildern in die Gedenkstätten kommen, so dass die vordringlichste Aufgabe nicht darin besteht, ihnen alles noch einmal zu erzählen.

Ein weiteres Problem der Vermittlungskultur besteht in der Tendenz, die Dinge falsch zu vereinfachen. Historische Prozesse lassen sich nicht durch kategoriale Sortiervorgänge in Gut und Böse, Täter und Opfer, vorstellbar und unvorstellbar usw. verstehen und erklären. Menschen, die durch denselben Geschehenszusammenhang zu Opfern werden, in dem andere sich dafür entscheiden, zu Tätern zu werden, unterscheiden sich zunächst weder psychologisch noch sozial voneinander. Es ist der Ausgrenzungs- und Vernichtungsprozess selbst, der die sozialen Lagen, die Machtchancen und die normativen Perspektiven radikal verändert, und den kann man nicht dechiffrieren, indem man unterstellt, dass auf der einen Seite schlechte und auf der anderen gute Menschen gehandelt haben (Waller 2002; Welzer 2005). Gerade an dieser Stelle waren Zeitzeugen kontraproduktiv, da sie vor dem Hintergrund von Selbstbildern erzählen, die exakt durch jene Geschichte geprägt wurden, die sie aufklären möchten. Das Verschwinden der Zeitzeugen bedeutet daher die Chance, einen neuen Gebrauch von Geschichte und Erinnerung zu erproben – also einen neuen Gebrauchszusammenhang des Historischen zu etablieren. Damit kommt wieder Zukunft ins Spiel.

## Zukunft in der Geschichte

Noch einmal: Erinnerung dient der Orientierung in einer Gegenwart zu Zwecken künftigen Handelns. Deshalb spielen »Vorerinnerungen«, wie Edmund Husserl 1917 bemerkt hat, also Vorgriffe auf etwas erst in der Zukunft Existierendes, als Orientierungsmittel für die Ausrichtung von Entscheidungen und Handlungen eine mindestens so wichtige Rolle wie der Rückgriff auf real oder vorgestellt erlebte Vergangenheiten. Husserl hat daher zwischen »Retentionen« als Rückgriffe auf Vergangenheitsbestände und »Protentionen« als auf Späteres gerichteten Intentionen unterschieden (Husserl 2001: 12 ff.). Das humanspezifische Vermögen, die persönliche Existenz in einem Raum-Zeit-Kontinuum zu situieren und auf eine Vergangenheit zurückblicken zu können, die der Gegenwart vorausgegangen ist, hat – wie gesagt – den Zweck, Orientierungen für zukünftiges Handeln zu ermöglichen. Umgekehrt aber können Menschen auf eine Zukunft zurückblicken, die noch gar nicht Wirklichkeit geworden ist. Die grammatische Form dafür ist das Futurum II – es wird gewesen sein –, seine mentale Operation die »antizipierte Retrospektion«, der Vorausblick auf etwas im Vorgriff auf den Zustand seines Verwirklichtseins (Schütz 1972: 261).

Antizipierte Retrospektionen spielen für menschliches Handeln eine zentrale Rolle – jeder Entwurf, jeder Plan, jede Projektion, jedes Modell enthält einen Vorgriff auf einen Zustand, der in der Zukunft vergangen sein wird. Und genau aus diesem Vorentwurf eines künftigen Zustands speisen sich Motive und Energien – aus dem Wunsch, einen anderen Zustand zu erreichen als den gegebenen. Gerade die prospektive, also die vorausschauende Form des Gedächtnisses hat der menschlichen Lebensform den evolutionären Vorteil verschafft, Vorteile und Hindernisse bei der Gestaltung der Welt abschätzen und virtuell durchspielen zu können. Das humanspezifische Gedächtnis erlaubt es, Handlungsorientierungen nicht nur aus dem Gegebenen und dem Vergangenen, sondern auch aus dem Vorgestellten und Erwünschten zu beziehen.

Wenn der epistemische, der erkenntnistheoretische Bezugspunkt des Gedächtnisses die Zukunft ist, öffnet sich für die historische Bildung ein erheblich weiterer Raum als bisher. Ungleichzeitigkeiten in Handlungsorientierungen und -optionen werden sowohl auf der gesellschaftlichen wie auf der individuellen Ebene zugänglich, die Schwerkraft von Selbstbildern und Habitusbildungen oder die Tiefenwirkung historischer Erfahrungen auf die Konzipierung von Zukunftsentwürfen oder allgemeiner: zukunftsbezogene Handlungspotenziale werden besser verständlich. Wenn Zukunft systematisch zur Erinnerung gehört, könnte man sich an die Entwicklung einer Zivilgeschichte der Zukunft machen: Dann ginge es, mit Volkhard Knigge, um Themen wie Würde, Selbstachtung, Teilhabe, Aus- und Eingrenzung, Vertrauen, Liebe und Gewalt, Vernichtung, Gegenmenschlichkeit (Knigge 2010). Damit würde die rein normative Privilegierung der Vergangenheit gegenüber der Gegenwart und der Zukunft in der Erinnerungs- und Gedächtnisforschung ebenso Geschichte sein wie die Höherbewertung des Erinnerns gegenüber dem Vergessen. Da jede Gedächtnistätigkeit ein notwendig selektiver Vorgang ist, ist Vergessen konstitutiv für Erinnerung überhaupt. Und da der funktionale Überlebenswert des Gedächtnisses von seinem Zukunftsbezug abhängt, ist es die Zukunft, die konstitutiv für das Gedächtnis ist, und nicht die Vergangenheit. Ganz im Gegenteil ist sie es, die – ganz im Sinne des oben zitierten Johann Georg Hamann – die Vergangenheit überhaupt erst verstehbar macht. Was also brauchen wir für eine Geschichte mit Zukunft?

# III. Renovierung

## Wozu das Ganze?

Geschichtsunterricht, politische Bildung und das pädagogische Feld der Holocaust-Education zielen auf eine historisch-moralische Bildung ab, die zum einen das historische Geschehen verständlich machen, zum anderen aber auch Persönlichkeiten bilden soll, die sich gegenüber massen- oder völkermörderischer Gewalt widerständig verhalten können. Vor diesem Hintergrund macht die Konzentration auf das, was Menschen angetan wurde, keinen Sinn, sondern markiert eine deutliche Ferne zum geschichtswissenschaftlichen Erkenntnisstand und ist moralisch unterkomplex. Denn es geht nicht, um Jan-Philipp Reemtsma zu zitieren, »um Erinnerung, es geht um das Bewusstsein einer Gefährdung, von der man weiß, seit man weiß, dass es eine Illusion war, zu meinen, der Zivilisationsprozess sei unumkehrbar, von der man also weiß, dass sie immer aktuell bleiben wird« (Reemtsma 2010: 9).

Das absolute Grauen der Vernichtung muss als pures Faktum genauso unverständlich bleiben wie die Motive der Täter und, vice versa, der Grund für das Leiden der Opfer. Eine Geschichtserzählung, die vom Ergebnis her verfasst wird, enthält kein Lernpotenzial, sie bleibt opak. Eine Geschichtserzählung, die bei den Potenzialen beginnt, die in einer historischen Situation immer liegen, und dann berichtet, wie die Dinge sich entwickelt haben, kann einen Eindruck darüber vermitteln, dass an jeder Stelle eines historischen Prozesses Entscheidungen gefällt werden, die ihrerseits zur Voraussetzung des weiteren Verlaufs werden. Genau deshalb weiß erstens kein Zeitgenosse, wie die Geschichte ausgeht, und genau deshalb wählen unterschiedliche Menschen immer auch unterschiedliche Optionen, mit unterschiedlichen Konsequenzen.

## Prävention

Das leitet über zur Frage der Prävention. Da man es historisch mit gesellschaftlichen Situationen zu tun hat, in denen – wie im »Dritten Reich« oder in Ruanda – Gewaltausübung gegen definierte Opfergruppen nicht als antisoziales, sondern als prosoziales Verhalten gilt, steht die Suche nach Präventionsmöglichkeiten vor einem besonders schwierigen Problem: Hier müsste Prävention nämlich darauf aus sein, die Bereitschaft zu abweichendem Verhalten zu stärken. Obwohl im Militärrecht solches Verhalten kodifiziert ist – Soldaten machen sich strafbar, wenn sie verbrecherischen Befehlen folgen –, ist es in der Praxis extrem schwierig und verlangt ein enormes Maß an Zivilcourage, sich nicht nur dem hierarchischen, sondern auch dem gruppenbezogenen Zwang in einer Situation kollektiver militärischer Verbrechensausübung zu entziehen. Dass so etwas dennoch möglich ist, zeigt etwa der Fall des Hubschrauberpiloten Hugh Thompson, der während des Massakers von My Lai eine Reihe von vietnamesischen Dorfbewohnerinnen mit Waffengewalt vor seinen eigenen Kameraden retten konnte.

Wenn allerdings Gesellschaften, die Verbrechen begehen, von einer hohen Zustimmung durch die Mehrheitsbevölkerung getragen werden, wie es etwa im »Dritten Reich« der Fall war, verschieben sich in der Regel auch die moralischen Grundüberzeugungen der »ganz normalen« Gesellschaftsmitglieder in verblüffend kurzer Zeit, wobei die meisten Menschen nicht einmal bemerken, dass sich ihre Maßstäbe etwa in Bezug auf mitmenschliches Verhalten radikal verändert haben. Dieses Phänomen der *Shifting Baselines* (Welzer 2008: 212 ff.) geht psychologisch betrachtet darauf zurück, dass Menschen in sich verändernden sozialen Umwelten oft keine Referenzpunkte haben, an denen sie die Verschiebung ihrer eigenen moralischen Orientierungen festmachen könnten.

Auf diese Weise können sich etwa Normen staatlichen Handelns und zivilgesellschaftlicher Praxis unbemerkt verschieben. Man denke in diesem Zusammenhang daran, dass Deutschland seit beinahe zehn Jahren Krieg führt, ohne dass dies gesellschaftlich debattiert würde, oder dass die politische Praxis innerhalb der Europäischen Union zu Entmächtigungen nationalstaatlichen Regierungshandelns führt, ohne dass dafür demokratische Legitimierungen vorlägen.

So etwas wäre vor, sagen wir, einem Jahrzehnt nicht denkbar gewesen; heute bestimmt die verschobene Norm Annahmen darüber, was richtig und falsch, tolerabel bzw. intolerabel ist.

## Normale Menschen, anormale Taten

Grundsätzlich ist zunächst zu sagen, dass in den Funktionsabläufen hoch arbeitsteiliger Gesellschaften die Frage persönlicher Dispositionen und Tatbereitschaften eine relativ geringe Rolle spielt – als »Rädchen im Getriebe« kann man seinen Teil zu Gesellschaftsverbrechen beitragen, ohne sich während der Tat oder danach persönlich verbrecherisches Verhalten zuschreiben zu müssen. Im Nationalsozialismus etwa konnten alle Institutionen, die schon vor 1933 bestanden hatten, eine funktionale Rolle im nationalsozialistischen Projekt spielen – so als hätte sich für die Reichsbahnbeamten, die Finanzamtsleiter, die Bankangestellten, die Psychiater eigentlich nicht das Geringste geändert. Die jeweiligen professionellen Anforderungen in den Institutionen ließen eine besondere, NS-spezifische Auswahl und Ausbildung des Personals gar nicht zu, wie Raul Hilberg schreibt, aber ohnehin konnte jedes Mitglied der Ordnungspolizei »Aufseher eines Ghettos oder eines Eisenbahntransports sein. Jeder Jurist des Reichssicherheitshauptamts kam dafür in Frage, die Leitung einer Einsatzgruppe zu übernehmen; jeder Finanzsachverständige des Wirtschafts-Verwaltungshauptamts wurde als natürliche Wahl für den Dienst in einem Vernichtungslager betrachtet« (Hilberg 1989: 1080). Übertragen auf den Krieg heißt das: Jeder Mechaniker konnte Bomber reparieren, die mit ihrer tödlichen Fracht Tausende von Menschen töteten; jeder Metzger konnte als Mitglied der Versorgungsbetriebe an der Ausplünderung der besetzten Gebiete teilnehmen. Lufthansa-Piloten wurden mit ihren Verkehrsmaschinen vom Typ FW 200 auch im Krieg für Langstreckenflüge eingesetzt, doch diesmal nicht, um Passagiere zu befördern, sondern um britische Handelsschiffe im Atlantik zu versenken. Heute kann ein Informatiker den Chip eines Elektroautos programmieren oder den einer Drohne. Da die Tätigkeit an sich nicht wechselt, haben die Rollenträger in der Regel keine Veranlassung, moralische Erwägungen anzustellen oder gar ihre Arbeit zu verweigern. Die bleibt ja dieselbe.

»Mit anderen Worten«, so Raul Hilberg in Bezug auf den Holocaust, »alle notwendigen Operationen wurden mit dem jeweils verfügbaren Personal durchgeführt. Wo immer man den Trennungsstrich der aktiven Teilnahme zu ziehen gedenkt, stets stellte die Vernichtungsmaschinerie einen bemerkenswerten Querschnitt der deutschen Bevölkerung dar« (Hilberg 1989: 1080). Henry Friedländer hat genau vor diesem Hintergrund einmal die Bemerkung gemacht, dass er trotz intensiver Suche nie ein Stellenangebot in einer deutschen Zeitung aus den 1930er und 1940er Jahren gefunden habe, in dem der Staat erfahrene und qualifizierte Massenmörder suchte. Ein solches Inserat wäre allerdings auch überflüssig gewesen, denn die Vernichtungsmaschinerie unterschied sich »nicht grundlegend vom deutschen Gesellschaftsgefüge insgesamt; der Unterschied war lediglich ein funktioneller« (ebd.: 1062).

Das gilt auch für die militärischen Formationen im »Dritten Reich«, selbst für die SS. Wenn man hier die Hierarchie Stufe für Stufe herabsteigt – über die höheren SS- und Polizeiführer zu den Einsatzgruppenkommandeuren, von den Experten im Rasse- und Siedlungshauptamt zu den KZ-Kommandanten und von dort aus zu den Polizeibataillonsangehörigen an den Erschießungsgruben und zum Wachpersonal in den Lagern –, findet man nur ausnahmsweise sadistische Persönlichkeiten, etwa vom Schlag Ilse Kochs, der Ehefrau des seinerseits wegen Verfehlungen abgesetzten Kommandanten von Buchenwald, Erich Koch, oder Amon Göths, Kommandant des durch Steven Spielberg berühmt gewordenen Lagers Plaszów, der zum persönlichen Vergnügen Häftlinge von der Veranda seiner Villa aus zu erschießen pflegte. Der Prozentsatz der psychisch auffälligen Personen unter den zahllosen Vordenkern und Exekutoren der Vernichtung wird regelmäßig auf etwa fünf bis zehn Prozent taxiert; verglichen mit normalgesellschaftlichen Verhältnissen in der Gegenwart keine spektakulär hohe Quote.* Aber das heißt im Umkehrschluss, dass die weit überwiegende Mehrheit der Täterinnen und Täter psychologisch

---

* Für die USA und andere westliche Gesellschaften wird eine Prävalenz von 0,5–2,5 paranoider Persönlichkeiten angenommen, dazu kommen etwa 1 bis 3 Prozent antisoziale Persönlichkeiten. Überdies wird davon ausgegangen, dass ein Anteil von 7,5 Prozent der Bevölkerung schizoide Persönlichkeitsmerkmale aufweist. Wie immer man diese Zahlen im Einzelnen einschätzen mag (uns scheint besonders der letztgenannte Wert ziemlich hoch) – sie zeigen jedenfalls, dass die Zahl der psychisch auffälligen Täter etwa ihrem Anteil an der Gesamtbevölkerung auch unter gewöhnlichen Bedingungen entspricht (vgl. Kaplan/Sadock/Grebb 1994: 731 ff.).

exakt jenem Bild entspricht, das wir uns selbst zuschreiben würden: »normal« zu sein. Der Holocaust-Überlebende Primo Levi konstatierte denn auch: »Es gibt die Ungeheuer, aber sie sind zu wenig, als dass sie wirklich gefährlich werden könnten. Wer gefährlicher ist, das sind die normalen Menschen.«* Also auch die Produzenten und Adressaten von Vermittlungsangeboten. Darüber zu sprechen ist Voraussetzung einer reflexiven Geschichtskultur.

## Gewalt

Es ist eine intellektuelle und politische Selbstentmündigung, jedes Mal dann, wenn ein massenmörderischer Prozess – wie in Ex-Jugoslawien oder Ruanda – sich vollzogen hat, von der dabei freigesetzten Grausamkeit so entsetzt zu sein, als wäre es das erste Mal, dass so etwas passiert, anstatt sich damit auseinanderzusetzen, dass Gewalthandeln erstens eine Geschichte und sich wiederholende Aspekte hat und sich zweitens in Prozessen vollzieht, die man beschreiben kann. Es handelt sich bei kollektiven Gewalttaten in der Regel nicht um unerklärliche Eruptionen, sondern um wiederkehrende soziale Vorgänge mit einem Anfang, einem Mittelteil und einem Schluss, und diese Vorgänge werden von denkenden Men-

* Zitiert nach Todorov (1993: 137), der darauf hinweist, dass dieses bemerkenswerte Zitat einem Appendix zu »Ist das ein Mensch?« entstammt, der in der deutschen Ausgabe (München 1992) fehlt.

schen und nicht von Amok laufenden Berserkern erzeugt. Genozidale Prozesse entwickeln jedoch selbst eine innere Dynamik – im Mittelteil wird möglich, was zu Anfang noch ganz undenkbar erschien –, und Gewalt selbst ist nicht prinzipiell destruktiv: Sie hat am Schluss eine neue Struktur geschaffen, die vor der Gewalt noch nicht vorhanden war. In einer Studie zur Mentalitätsgeschichte der Wehrmacht ist kürzlich gezeigt worden, dass die Mikropolitik der Gewalt in Kriegseinsätzen selbst im Fall des nationalsozialistischen Vernichtungskriegs nicht anders ausfiel als in anderen Kriegen: Die Figuration, die die Gruppe des Kämpfenden und ihre Gegner miteinander bilden, ist viel entscheidender für das, was im Kampf passiert, als Ideologie, »Weltanschauung« oder gar individuelle Motive (Neitzel/Welzer 2011).

Daher geht es bei der Suche nach Ansätzen für Prävention auch darum, Gewalt in ihrer strukturbildenden Funktion zu verstehen und Gewaltakteure als denkende Menschen zu beschreiben – auch um Anschlussmöglichkeiten an die Lebenswelten von Jugendlichen, in denen Gewalt ja keine unerhebliche Rolle spielt, zu finden.

Und noch etwas: Wenn man sich die Geschwindigkeit vergegenwärtigt, mit der in Jugoslawien die Ethnisierungsprozesse verlaufen sind, die eine ganze Gesellschaft in einen äußerst brutalen Krieg inklusive ethnischer Säuberungen und Massenerschießungen gezogen haben, oder bemerkt, in welch unglaublich kurzem Zeitraum die deutsche Gesellschaft sich nach Januar 1933 nationalsozialisiert hat, beginnt man zum einen zu ahnen, wie schwach es um die Stabilität und Trägheit moderner Gesellschaften in ihrem psychosozialen Binnengefüge bestellt ist, an die wir so gern glauben. Zum anderen wird verständlich, dass es eben nicht nur abstrakte analytische Kategorien wie »Gesellschaft« und »Herrschaftsformen« sind, die sich innerhalb weniger Monate verändern, sondern dass die konkreten Menschen, die diese Gesellschaften bilden und ihre Herrschaftsformen realisieren, sich in ihren normativen Orientierungen, in ihren Wertüberzeugungen, in ihren Identifikationen und auch in ihrem zwischenmenschlichen Handeln furchtbar schnell wandeln können. Wir hatten ja schon gesehen, dass Entscheidungen zur Benachteiligung anderer Gesellschaftsmitglieder, dann zu ihrer Entrechtung, zu ihrer Beraubung, schließlich zu ihrer Deportation und Tötung 1933 keineswegs in ihrem vollen Ausmaß vorliegen, sondern sukzessive durch aktive Toleranz und Partizipation der Volksgenossinnen und Volksgenossen formatiert werden. Dabei wird zunehmend für normal und akzeptabel gehalten, was zu Beginn des Prozesses noch als unmenschlich und unakzeptabel gegolten hätte.

Für die auf den Holocaust bezogene Geschichts- und Erinnerungskultur leiten sich daraus die folgenden Voraussetzungen ab:

- Akteure sind nicht nur persönlichkeitsspezifisch zu betrachten, sondern vor allem prozessanalytisch: wie man zum Täter wird, womöglich sogar dann, wenn man es nie für möglich gehalten hätte, jemals einer werden zu können;
- Täterkarrieren sind mit Helferkarrieren zu kontrastieren;

- die Zentralität der Kategorie »Entscheidung« ist zu akzentuieren: Zum Täter werden zu können ist kein anthropologisches Phänomen, sondern eines von Entscheidungen auf sehr vielen Ebenen einer Handlungskette. Zum Retter oder zum Widerständler zu werden setzt ebenfalls auf jeder Stufe des Handelns in einer gegebenen Situation Entscheidungen voraus;
- der Fokus ist nicht auf den Einzelnen zu legen, sondern auf soziale Figurationen in sich verändernden normativen Gefügen. Das wiederum setzt die Berücksichtigung längerer historischer Prozesse und eine prozessanalytische Perspektive voraus;
- Täter sind nicht als ungewöhnlich oder abweichend zu betrachten, sondern im »Normalitätsparadigma« zu interpretieren.

Gesellschaftliche Funktionszusammenhänge und Institutionen sind als Speicher von Potenzialen zu verstehen, die Handlungsbereitschaften und Handlungen unterschiedlichster Art entbinden können. Weil hoch arbeitsteilige Funktionsvollzüge partikulare Handlungsrationalitäten ausbilden, die die Voraussicht über die Folgen des eigenen Handelns systematisch begrenzen, muss über Konzepte partikularer Verantwortungsstärkung nachgedacht werden. Hier liegt eine ganz neue Aufgabe für das weite Feld der politischen und historischen Bildung, die sich ja ausschließlich auf die Entwicklung universaler Verantwortungs- und Moralvorstellungen konzentriert, die Individuen in konkreten Handlungssituationen aber – das zeigt das Milgram-Experiment – radikal überfordern können.

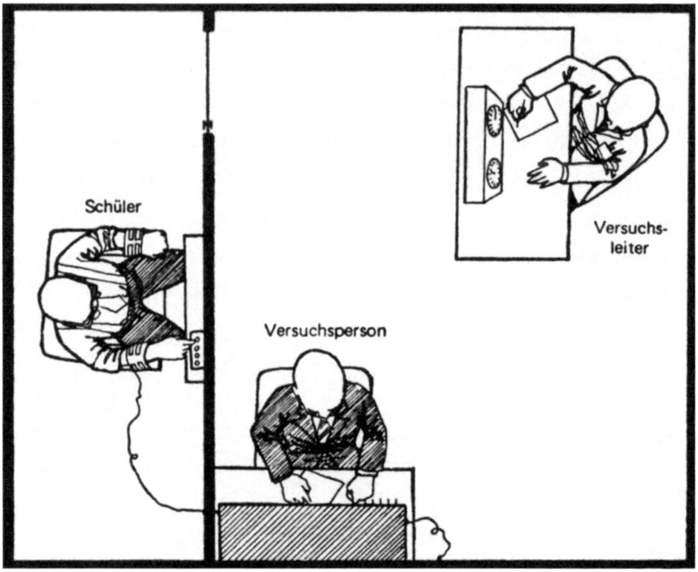

Das Milgram-Experiment: Mehr als 60 Prozent der Versuchspersonen waren bereit, dem »Schüler« tödliche Stromstöße zu verabreichen.

Anfang der 1960er Jahre konzipierte der junge Sozialpsychologe Stanley Milgram ein Experiment, mit dem er das Phänomen der Gehorsamsbereitschaft gegenüber einer Autorität zu untersuchen hoffte. Der Versuchsaufbau sah vor, dass eine per Annonce gesuchte und mit 4,5 Dollar entlohnte Versuchsperson als »Lehrer« mit einer anderen (allerdings vom Versuchsleiter instruierten) Versuchsperson, dem »Schüler«, einen Lerntest durchzuführen hatte, bei dem der »Lehrer« den »Schüler« jeweils dann mit Stromstößen zu »bestrafen« hatte, wenn dieser eine falsche Antwort gab. Die Stromstärke wurde mit jeder Bestrafung erhöht. Mehr als 60 Prozent der Versuchspersonen waren bereit, dem vermeintlichen Schüler tödliche Stromstöße zu verabreichen. Das Experiment ist in mehr als zehn Ländern repliziert worden, und die Ergebnisse fielen immer ähnlich aus. Allerdings wurde bislang zu wenig hervorgehoben, dass die Quote der Gehorsamen regelmäßig sank, wenn der Versuchsaufbau variiert wurde. Dabei wurde deutlich, dass soziale Nähe die Gehorsamsbereitschaft stark beeinflusst: Wenn der Kontakt zum »Schüler« variiert wird, er sich also im selben Raum befindet wie der »Lehrer«, oder wenn dieser die Bestrafung so vornehmen muss, dass er die Hand des »Schülers« bei einer falschen Antwort auf eine stromführende Platte pressen muss, sinkt die Gehorsamsbereitschaft deutlich (auf 40 Prozent bzw. auf 30 Prozent). Die Bedeutung der Variable »soziale Nähe« wurde auch dann deutlich, wenn »Lehrer« und »Schüler« Freunde, Bekannte oder Verwandte waren, die zusammen für das Experiment gewonnen wurden (»bring-a-friend-condition«). Hier sank die Gehorsamsbereitschaft auf 15 Prozent; die »Ungehorsamen« brachen überdies das Experiment viel früher ab als die Verweigerer in den anderen Versuchsanordnungen. Eine typische Aussage einer ungehorsamen Versuchsperson in diesem Setting war etwa: »Ich bin doch kein Sadist!« François Rochat und Andre Modigliani, die die Ergebnisse dieses Versuchs von 1962 später noch einmal ausgewertet haben, haben zwei wirksame Unterschiede zum Basisdesign herausgearbeitet, die die Versuchspersonen systematisch weniger gehorsamsbereit sein lassen: Die Referenzgruppe des »Lehrers« wird in der »bring-a-friend-condition« durch die Beziehung der beiden Versuchspersonen gebildet; deshalb besteht in diesem Fall eine Loyalitätsbeziehung zwischen »Lehrer« und »Schüler«, nicht zwischen »Lehrer« und Versuchsleiter. Die bereits vorgängig bestehende Beziehung macht es dem »Lehrer« in dieser Variante moralisch schwer, wenn nicht unmöglich, das Experiment fortzusetzen, während in der Basisvariante eine moralische Verpflichtung gegenüber dem Versuchsleiter wahrgenommen wird, die es dem »Lehrer« schwermacht, das Experiment abzubrechen. In einer Situation sozialer Nähe ist eine Verantwortungsdelegation offensichtlich nicht ohne Weiteres möglich. Soziale Nähe, so könnte man sagen, verhindert die kausale Logik des »Wer A sagt, muss auch B sagen«, weil die Logik der Beziehung eine größere Verbindlichkeit für den Handelnden hat: Auf die autoritäre Aufforderung, das Experiment fortzusetzen (»Sie haben keine Wahl!«), entgegnete eine der Versuchspersonen einfach: »Warum? Was können Sie mir tun?« (Rochat/Modigliani 1997).

## Referenzrahmen

Ein gesellschaftlicher Prozess, in dem die radikale Ausgrenzung von Anderen zunehmend als positiv betrachtet und der schließlich das Tötungsverbot in ein Tötungsgebot verwandelt, bildet den ersten, umfassendsten Referenzrahmen, in dem die Bewohnerinnen und Bewohner des »Dritten Reiches« sich selbst und ihre Gesellschaft verstehen: eine dynamische gesellschaftliche Deutungsmatrix für die individuellen normativen Orientierungen und ihre Veränderungen. Diese kann natürlich fallweise über- oder unterschritten oder ignoriert werden; für die Analyse des Handelns zeitgenössischer Akteure ist dieser Referenzrahmen erster Ordnung deswegen von Bedeutung, weil die Entscheidungen für das eigene Handeln nicht rein situativ und individuell getroffen werden, sondern immer auch an diesen größeren Rahmen gebunden sind – in dem Sinne etwa, dass die wahrgenommene Legitimität einer Judenerschießung durch einen gesellschaftlich dominanten Antisemitismus und Rassismus oder, noch allgemeiner, durch eine nationalsozialistische Moral kontextualisiert ist. Dieser Rahmen verändert sich in den zwölf Jahren zwischen 1933 und 1945 rapide, und er ist wichtig für die Wahrnehmung einer gegebenen Situation durch den Einzelnen – sei es eine Situation, in der man vor der Frage steht, ob man es sich erlauben sollte, in einem jüdischen Geschäft einzukaufen, sei es eine, in der die Gewalt der sogenannten »Reichskristallnacht« beobachtet wird, sei es eine der angeordneten Erschießung jüdischer Kinder. Denn Situationen werden grundsätzlich interpretiert, bevor eine Schlussfolgerung gezogen und eine Entscheidung für das eigene Handeln (oder Nichthandeln) getroffen wird – und in solche Interpretationsprozesse gehen gesellschaftlich dominante Normen ebenso ein wie situativ gebildete Gruppennormen, sozialisierte Werthaltungen, religiöse Überzeugungen, vorangegangene Erfahrungen, Wissen, Kompetenz, Gefühle usw.

Wenn man sieht, welchen Veränderungen solche umfassenden Referenzrahmen historisch unterliegen können, kann man in Präventionsperspektive nur etwas ganz Einfaches, aber desto Wichtigeres postulieren: nämlich das schlichte und alternativlose Festhalten an rechtsstaatlichen Prinzipien unter allen Bedingungen und die Verpflichtung, jeder Aufweichung solcher Prinzipien entschlossen entgegenzutreten. Mit Raul Hilberg kann man formulieren, dass das Schicksal der europäischen Juden in dem Augenblick besiegelt war, als ein Beamter 1933 eine Definition dessen, wer »arisch« war und wer nicht, in einer Verordnung niederlegte.* In diesem Augenblick wird nämlich praktisch – normativ wie juristisch – exekutierbar, was zuvor in einem durch bürgerliches Recht kontrollier- und korrigierbaren Raum des rassistischen Ressentiments, der Ausgrenzungs- und Vernichtungswünsche zwar schon existierte, aber nicht zur freien Entfaltung kommen konnte. Wenn so etwas geschieht, ist der Gegenmenschlichkeit Tür und Tor geöffnet. Prävention bedeutet hier: funktionierende Staatsbürgerkunde.

## Der Einfluss der Situation

Menschen sind widersprüchlich. Die Persönlichkeit einer Versuchsperson, die in Stanley Milgrams Gehorsamkeitsexperiment einer anderen Person scheinbar bedenkenlos einen tödlichen Stromschlag zu verabreichen bereit ist, geht ja keineswegs darin auf, dass sie einen Knopf drückt, obwohl

* »Die Bezeichnung ›nichtarische Abstammung‹ wurde in einer Verordnung vom 11. April 1933 als für alle Personen geltend definiert, die einen jüdischen Eltern- oder Großelternteil hatten; ein Eltern- oder Großelternteil galt dann als jüdisch, wenn er (oder sie) der jüdischen Religion angehörte« (Hilberg 1989: 70).

das die Tötung eines Menschen zur Folge haben könnte. Jenseits dieses experimentell erzeugten Verhaltens kann dieselbe Person durchaus jemand sein, der unter Lebensgefahr eine hilflose Person vor dem Ertrinken rettet, das behinderte Nachbarskind spazieren fährt, der Pazifist ist und im Großen und Ganzen an das Gute im Menschen glaubt. Es ist ein kategorialer Fehler, das Handeln eines Menschen in einer gegebenen Situation auf seine ganze Persönlichkeit hin zu generalisieren; es geht im Gegenteil darum herauszufinden, welche Interpretation der Situation, in der er sich befand, ihn dazu veranlasst hat zu tun, was er getan hat. Die soziale Situation und ihre Deutung durch einen Akteur bildet mithin einen zweiten, konkreteren Referenzrahmen einer Handlung. Dieser ist in sich differenziert – nach den Erwartungen und Erfahrungen, mit denen jemand in die Situation kommt, nach den Modi der Bewältigung der gegebenen oder sich ergebenden Aufgaben, den dabei auftretenden Problemen und vorgenommenen Korrekturen des eingeschlagenen Wegs, die neue Entscheidungen nach sich ziehen usw.

Prävention bedeutet hier: lernen, dass menschliches Handeln sich in Prozessen vollzieht. Die Handlungsbedingungen von heute sind die Handlungsfolgen von gestern.

## Die Persönlichkeit

Erst wenn dieser Referenzrahmen einer Entscheidung oder Handlung beschrieben werden kann, öffnet sich analytisch der Raum für die Betrachtung eines dritten, nun eher individualpsychologischen Referenzrahmens: die Einschätzung des eigenen Handlungsspielraums durch den jeweiligen Akteur. Ein solcher Spielraum ist nicht einfach objektiv gegeben; er ist davon bestimmt, ob und wie ein Akteur ihn wahrnimmt, welche möglichen Konsequenzen er bei der Entscheidung für diese oder jene Option (mitmachen oder »sich drücken« oder sich verweigern etc.) erwartet, bevor er sich schließlich für eine entscheidet.* Erst auf dieser Ebene kommt Psychologie ins Spiel – und damit zum Beispiel die Fähigkeit zu zivilcouragiertem Verhalten. Denn die Interpretation des Spielraums und die auf dieser Basis gezogene Schlussfolgerung ist auch von persönlichen Dispositionen, biografischen Erfahrungen, individuellen Einstellungen und Überzeugungen, der Handlungskompetenz usw. abhängig.

* Dabei geht es nicht immer um bewusst durchlaufene Reflexionsschleifen; viele Entscheidungen finden routinisiert oder intuitiv statt. Gleichwohl geht allen Handlungen prinzipiell eine Interpretation der Situation voraus, ob diese nun im eingelebten und nichtreflexiven Modus dessen, was »man« tut, abläuft oder ob sie die knifflige und höchst bewusste Analyse eines ungewöhnlichen Problems ist. Dass die Interpretation prinzipiell immer in Geltung ist, merkt man dann, wenn man etwas falsch interpretiert hat – sich in einer Tür geirrt, jemanden irrtümlich für einen Bekannten gehalten oder etwas falsch verstanden hat. Durch den dann entstehenden »Klärungsbedarf« wird deutlich, dass der missglückten Handlung eine Interpretation, wenn eben auch eine falsche, zugrunde gelegen hat.

Eine Handlung spielt sich also im Kontext mehrerer Referenzrahmen ab, die von der gesellschaftlichen bis zur individuellen Ebene zu unterscheiden sind. Mit Hilfe einer solchen Unterscheidung lässt sich nicht nur beschreiben, was die Akteure getan haben, sondern auch, wie sie als Personen die jeweilige Situation wahrgenommen haben, welche situativen Bedingungen ihr Handeln bestimmt haben und unter welchen überindividuellen, jenseits der Grenzen der subjektiven Zurechnung liegenden sozialen und normativen Rahmenbedingungen das jeweilige Handeln stattfand. Mit Hilfe einer solchen Differenzierung lassen sich auch die Möglichkeiten und Grenzen präventiven Handelns bestimmen.

## Wie Zivilcourage zu bilden ist

Wie gesagt: Jede noch so harmlose oder durch politischen Handlungsdruck gerechtfertigt erscheinende Suspendierung oder Einschränkung rechtsstaatlicher Prinzipien muss kategorisch vermieden werden. Umgekehrt sind Verletzungen solcher Prinzipien (etwa durch Androhung oder Anwendung von Folter) strikt zu sanktionieren. Das ist die zivilgesellschaftliche Handlungsebene, und die ist unhintergehbar. Demokratiegefährdungen gehen weniger von dezidierten Gegnern der Demokratie (wie Neonazis) aus als von Normenauflösungen, die scheinbar sachlich geboten sind – wie etwa der Einsatz der Bundeswehr im Inneren, Übertreten des Folterverbots oder die Infragestellung von Rechten des Persönlichkeitsschutzes.

In solchen Zusammenhängen ist deutlich daran zu erinnern, dass die strikte Aufrechterhaltung von institutioneller Gewaltenteilung eine Lehre aus dem Nationalsozialismus war.

Politische und historische Bildung sollte auch in praktischer Perspektive darauf setzen, die Wahrnehmung und Auswertung eigener Handlungsspielräume zu verbessern. Das kann etwa an historischen Exempeln geschehen – zum Beispiel an dokumentiertem Helfer- und Retterverhalten während der NS-Zeit, das Privatpersonen wie Oskar Schindler genauso gezeigt haben wie Wehrmachtsangehörige wie Heinz Drossel (vgl. Wette 2002). Solche Personen haben gegebene Handlungsspielräume anders genutzt als die übergroße Mehrheit ihrer Zeitgenossen, und darin liegt ein erhebliches Lernpotenzial. Solches Material kann um kleinere Experimente und Planspiele ergänzt werden, die etwa Schülerinnen und Schüler mit Aufgaben in arbeitsteiligen Prozessen konfrontieren, die mit oder ohne Rücksicht auf potenzielle Opfer am Ende der Handlungsketten gelöst werden können. Aber auch die Kenntnis von Experimenten wie dem von Milgram kann das Bewusstsein darüber erhöhen, wie groß das mögliche Handlungsspektrum unter gegebenen Bedingungen ist. So haben etwa Experimente zum Bystander-Verhalten gezeigt, dass das Maß der »Verantwortungsdiffusion« als zentraler Faktor für erfolgende oder ausbleibende Hilfe gelten kann: Je mehr Personen anwesend sind, wenn sich jemand in einer Notsituation befindet, desto weniger neigen Einzelne zum Helfen (»bystander effect«). Gerade an diesem Beispiel kann gezeigt werden, dass das Wissen über hemmende Faktoren in Hilfesituationen das Verhalten moderieren, prosoziales Verhalten also durch Lernen beeinflusst werden kann. Es geht also darum, kognitive Ressourcen für die Wahrnehmung eigener Verantwortlichkeit, aber auch eigener Handlungsmöglichkeiten herauszubilden.

## Reflexive Erinnerungskultur

Für eine reflexive Erinnerungskultur sind Pathosformeln ebenso kontraproduktiv wie Ansprüche auf transtemporale Gültigkeit der Inhalte. Eine gültige Form des Erinnerns und Gedenkens gibt es nicht, auch wenn es den jeweiligen Zeitgenossen wünschenswert erscheint. Erinnerung schreibt sich immer nach Erfordernissen der Gegenwart um, und das Gedenken folgt diesen Umschriften in gemessenem Abstand. Wäre das nicht so, hätten wir heute gar keine Holocaust-Erinnerung, denn der unmittelbaren Nachkriegsgesellschaft ging es, wenn denn um irgendetwas Zurückliegendes, um das Gedenken der eigenen Verluste und Leiden, nicht um die Erinnerung an die Taten. Diese frühe Erinnerungskultur ist sukzessive durch jene abgelöst worden, die die Opfer und ihre Leiden in den Mittelpunkt stellte, und in diesem Zusammenhang darf daran erinnert werden, dass dies nicht zuletzt den Grund hatte, den Opfern endlich nicht mehr die Anerkennung ihres Leids zu verweigern. Auf diesem Fundament steht die gegenwärtige Erinnerungskultur, und jetzt kommt es darauf an, sich den Potenzialen, Handlungen und Orientierungen zu widmen, die Ausgrenzungsgesellschaften entstehen und Genozide möglich werden lassen. Genau in diesem Sinn ist Erinnerungskultur eine zivilgesellschaftliche Angelegenheit, deren Bezugspunkt die Zukunft und nicht die Vergangenheit ist.

Alle bislang genannten Beispiele weisen auf die Notwendigkeit einer Akzentuierung der erinnerungskulturellen Arbeit, die die nationalsozialistischen Verbrechen und den Holocaust als das Gesellschaftsverbrechen schlechthin nicht unreflektiert ins Zentrum stellen kann, sondern darüber hinaus vermehrt Gegenwartsbezüge akzentuieren muss, um ein emanzipatorisches Geschichtsbewusstsein entstehen zu lassen, das auch für kommende Generationen von Schülerinnen und Schülern, besonders aus nichtdeutschen Herkunftsgesellschaften, anschlussfähig ist. Und was könnte übrigens für Schülerinnen und Schüler anschlussfähiger sein als das, was sie vor sich haben: ihre Zukunft?

Die klassischen Erziehungsziele, die auch bisher die historische und politische Bildung angeleitet haben, nämlich die Vermittlung historischen und politischen Wissens, die Bildung von Demokratiefähigkeit sowie von Toleranz und Zivilcourage, können nicht allein auf die negativen Lehren eines historischen Extremereignisses gebaut werden. Sie setzen ein eigenständiges Unterscheidungsvermögen zwischen richtigen und falschen, tolerablen und inakzeptablen Verhaltensweisen und Entwicklungen voraus, und dies wiederum hat eine stabile und sichere Identität zur Voraussetzung. Das paradoxe Bemühen der deutschen Erinnerungskultur, aus einem negativen Ursprungsereignis eine positive Identitätsbildung zu generieren und in politisches Verantwortungsbewusstsein zu übersetzen, muss fehlschlagen: Identität braucht psychologisch positive Fundamente, eine gesicherte Überzeugung, dass und wie man Gutes bewirken und Böses verhindern kann.

Daher votieren wir für eine Transformation der traditionellen, verbrechensbezogenen Strategien der historisch-politischen Bildung und der zugehörigen Lernorte in bürgergesellschaftliche Strategien und Lernorte eines neuen Typs – eines Typs, der positive Erfahrungen vor dem Hintergrund historischen Lernens eröffnet.

## Orte einer Zivilgeschichte der Zukunft

Das historische Museum kommt in den unterschiedlichsten Spielformen und Qualitäten vor und geht mit unterschiedlichsten Gegenständen um – vom Spielzeug bis zum Krieg. Dabei überwiegt im professionellen Fall das Moment quellenbasierter historischer Aufklärung, die sich moralischer Kommentare und Kontextualisierungen aus guten Gründen enthält. Das verweist auf die wissenschaftliche Genese entsprechender Didaktiken. Im Fall von Gedenkstätten ist das anders: Sie stellen hybride Formen historischer Museen, »Täterorte« und moralische Anstalten dar und sind daher sehr geeignet, Verwirrung zu stiften und Uneindeutigkeit zu erzeugen. Im Übrigen ist der Anspruch, jeder, der eine solche Stätte besucht habe, möge moralisch gefestigt nach Hause gehen, psychologisch eine Reaktanzerzeugungsmaschine. Menschen, besonders junge, möchten selber denken und nicht gesagt bekommen, was sie denken sollen.

Gerade in dieser Hinsicht fällt ein spektakuläres Defizit der Geistes- und Kulturwissenschaften und ihrer Vermittlungskultur ins Auge: Sie halten ihren Forschungsgegenstand, das Denken nämlich und was daraus folgt, vor der Öffentlichkeit weitgehend geheim. Immerhin sind es ja die Fragen nach dem Geist, dem Sinn, nach dem Glück, dem Vertrauen, der Verantwortung, dem Mitleid, der Empathie, der Gerechtigkeit, sogar nach dem Schönen, die die Menschen umtreiben, und genau mit diesen Fragen beschäftigen sich die Literaturwissenschaften, die Kunstgeschichte, die Philosophie, die Sozialwissenschaften usw. Aber: Es gibt keine einzige Ausstellungsinstitution, die sich den menschlichen Möglichkeiten widmet. Damit bleibt eine riesige Chance unergriffen, Menschen über das spannendste Thema zu informieren, das es überhaupt gibt: die menschlichen Möglichkeiten, zum Guten wie zum Schlechten.

Dieses Defizit ist besonders bemerkenswert, wenn man bedenkt, dass es im natur- und technikwissenschaftlichen Bereich seit Langem eine immer noch sich ausbauende Tradition entsprechender Häuser gibt: die über die Möglichkeiten von Naturbeherrschung, Technik und Wissenschaft informieren. Sagen wir: Science Center informieren über die Welt; bürgergesellschaftliche Lernorte neuen Typs über ihre Bewohner. Das wäre eine gute Arbeitsteilung.

Bevor wir auf die Konzeption solcher Lernorte neuen Typs näher eingehen werden, möchten wir zunächst einen Blick auf eine Ausstellungskultur werfen, die in eigentümlicher

Parallelität und weitgehend beziehungslos zur Ausstellungs- und Vermittlungspraxis der Gedenkstätten existiert: die Kultur der Science Center.

## Science Center als »begreifbare« Wissenschaft

Es gibt sie in vielen Ländern, und sie unterscheiden sich meist nur in ihrer architektonischen Hülle und nach ihrer inneren Struktur, nicht aber in ihrer Programmatik: die Science Center. Diese stiegen in den vergangenen Jahrzehnten neben thematischen Großausstellungen und einschlägigen Fernsehformaten zum beliebtesten Popularisierungsangebot der Naturwissenschaft auf. Und man braucht nicht viele Science Center besucht zu haben, um festzustellen, dass es sich dabei um eine sehr aufwändige Inszenierung von Wissen handelt.

Die internationale Gründungswelle von Science Centern reißt seit nunmehr vierzig Jahren nicht ab; bereits im Jahr 2000 zählte man weltweit über tausend Science Center. Darunter befinden sich auch zahlreiche traditionelle Technik- und Wissenschaftsmuseen, die sich, um auch weiterhin Besucher anzuziehen, neu zu erfinden hatten. In den USA ist die Zahl auf 300 gestiegen, und auch die deutsche Landkarte der Science Center wird immer dichter.*

* Weltweite, aber auch deutschlandweite Science-Center-Initiativen erhebt ECSITE, das *European Network of Science Centres and Museums* (vgl. http://www.ecsite.eu/). In Deutschland gibt es derzeit 22 Science Center, zwei weitere befinden sich im Bau.

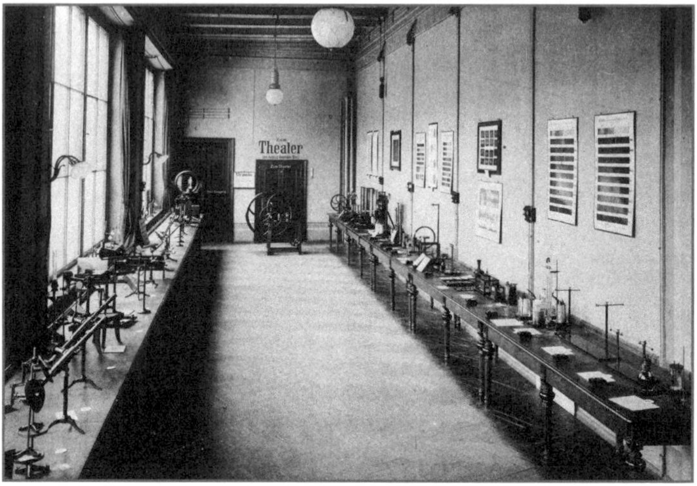


Blick in den Experimentiersaal der alten Berliner *Urania*, der Mutter aller Science Center.

Die Mutter aller Science Center ist der Experimentiersaal der 1888 gegründeten Berliner *Urania* (Faulstich 2006; Lührs 1996). Als Aktiengesellschaft wurde der Urania von der preußischen Regierung ein Grundstück gestiftet; Banken und Industrie gaben das erste Startkapital. Erstmals wurde dort das Experimentieren aus dem exklusiven wissenschaftlichen Labor in einen öffentlichen Raum verlegt. Albert Einstein, Hermann von Helmholtz und Ernst Werner von Siemens hielten in der Urania Vorträge, Thomas Alva Edison beschenkte das Haus mit einem Phonographen, und Persönlichkeiten wie der spätere Nobelpreisträger Max von Laue und der Physiker Manfred von Ardenne berichteten, dass es die Urania gewesen sei, die ihre Begeisterung für die Forschung geweckt habe (Lessing 2006: 194).

Im kalifornischen *Exploratorium* des Physikers Frank Oppenheimer wichen Originalexponate Modellen zum Experimentieren.

Als 1969 das *Exploratorium* in San Francisco von dem Physiker Frank Oppenheimer eröffnet wurde, sprach die ganze Welt von einem Paradigmenwechsel naturwissenschaftlicher Museen: Denn die Originalexponate wichen hier Modellen zum Experimentieren (hands-on). Hands-ons holen den Besucher aus der Passivität: Wissen über naturwissenschaftliche Phänomene und Gesetze wird mittels Anfassen und Mitmachen selbst generiert. Aufgaben und Fragestellungen wie »Welche Linse macht einen zum Riesen?«, »Wie trennt man Salz und Pfefferkörner wieder voneinander?« oder »Müssen sich gleich warme Materialien auch gleich warm anfühlen?« fördern die Wahrnehmung oder regen zum Nachdenken über naturwissenschaftliche und technische Zusammenhänge an. Um das Ausgestellte zu *Be-greifen*, ist *Angreifen* ausdrücklich erwünscht.

»Begreifbare Wissenschaft« war auch das, was in Deutschland Hugo Kükelhaus mit seinem »Erfahrungsfeld der Sinne« vorschwebte: »Wir lernen nur nachhaltig durch eigenes Tun« (zit. in Lessing 2006: 132). Kükelhaus hatte für Dortmunder Schulen circa 32 Spiel- und Erfahrungsgeräte entworfen, die Kindern Wissenschaft näherbringen sollten. Einige dieser Experimentierstationen wurden 1967 auf der Weltausstellung in Montreal gezeigt und kamen 1972 in München auf der Spielstraße im Rahmen der Olympischen Spiele als »naturkundliches Spielwerk« zum Einsatz. Die Spielstraße bestand aus variablen Aktionsfeldern, die zum Mitspielen als einem interaktiven Ereignis einluden: »Im Gegensatz zu den Sport-Spielen kann der Zuschauer auf der Spielstraße viele Spiele zugleich sehen, frei herumgehen und gegebenenfalls mitspielen« (zit. aus den Regeln der Spielstraße). Und noch heute dienen Kükelhaus' Sinnesobjekte vielen Science Centern als Vorbild und Anregung, oder sie werden ergänzt, modifiziert und aktualisiert.

Wie diese Vorgängerinstitutionen verkörpern Science Center gewollt das Gegenbild zum Museum alten Typs. Allerdings unterscheiden sich Science Center auch darin von Museen, dass sie keine Sammlungen haben und selbst keine Forschung betreiben. Stattdessen inszenieren sie Wissen: beispielsweise nach den menschlichen Sinnen (so im *Exploratorium* in San Francisco nach Gesichtssinn, Geschmackssinn, Gehörsinn, Geruchssinn, Tastsinn und Gleichgewichtssinn), nach der Art der Phänomene (wie im *Spectrum* in Berlin nach Optik, Akustik, Mechanik etc.) oder nach spezifischen Gesichtspunkten (wie im *Universum* in Bremen nach den Themen Mensch,

Erde, Kosmos). Eine Abspaltung sind die Life Science Center, die Themen der Lebenswissenschaften, insbesondere den menschlichen Körper, seinen »Bauplan« und seine Gesunderhaltung, zur Anschauung bringen (z. B. die DNA als Informationsprinzip des Lebens).

Stets aber erfolgt der Transfer zum einen über informative und lebensnahe Vermittlung (Education) und zum anderen in experimenteller spielerischer Weise (Entertainment). Die Verbindung beider Aspekte führte zu einer neuen Vermittlungsstrategie des unterhaltsamen Lernens und zugleich zu einer Wortschöpfung: dem Edutainment.* Zu wichtigsten Merkmalen des Edutainments gehört die Einbindung von – zumeist interaktiven – Medien und der Verzicht auf eine vorgegebene Reihenfolge der Aktionen.

All das hört sich erfreulich, fortschrittlich und auch experimentell an, doch orientieren sich die Science Center strikt an einem einseitigen Vermittlungsprozess und geben ausschließlich gesichertes Wissen der naturwissenschaftlichen scientific community weiter. Zum Selberdenken laden sie nicht ein. Neu ist lediglich, dass die Besucher sich die Inhalte durch Aktivitäten selbst erschließen müssen – das Ergebnis ist aber weiterhin wissenschaftlich Vorgegebenes. Der Besucher wird

---

* Produkte für Edutainment kommen zumeist aus den Software- und Medienbranchen. Dabei wird zwischen folgenden Formen unterschieden: 1.) *Teachsoft* als reine Lernprogramme; 2.) *Toolsoft* als eine Werkzeugsoftware mit dem Ziel, die Kreativität zu fördern (zum Beispiel Grafik-, Film- und Musikprogramme); 3.) *Infosoft* für die Verwaltung von Wissen (Rechercheprogramme); 4.) *Simsoft* zeigt Einsichten in funktionale Abläufe (Simulationen von Städteplanung, zum Beispiel »SimCity«); 5.) *Gamesoft* als Spielsoftware mit geringen Lerninhalten (Reinhardt 2003: 215 f.).

als unwissend vorausgesetzt und konsumiert, was ihm verabreicht wird.

Die heftigste Kritik richtet sich jedoch nicht gegen die Art des Vermittlungsprozesses, sondern gegen die Konsum- und Freizeitorientierung der Science Center und ihre szenografischen Umsetzungen. Indem man sich an den Freizeitbedürfnissen der Besucher orientiert, setze man auf die Dominanz der Medienkultur. Das vorherrschende medientheoretische Paradigma für die Vermittlung von Wissen führe zu einer Überausstattung mit dem pathetisch Grellen, so dass Vergleiche mit »Kindergärten«, »High-Tech-Kirmes«, »Euro Disney« oder »Phantasialand« nicht weit hergeholt wären (Korte u.a. 1997: 18). Eine Aufmerksamkeitsökonomie, die sich vorrangig auf das Außergewöhnliche konzentriert, bringt immer neuere Visualisierungstechniken, Computeranimationen, Videoinstallationen, Projektionen, Soundtracks zu Tage, die sich auftürmen und »gefährlich brodeln wie Hybride zwischen Freizeitpark und Spielhalle« (vgl. Assheuer 2000). Dieser Trend basiert auf einer naiven, wissenschaftlich unfundierten Annahme: Man summiert die Gehirnleistungen beim Hören (20 Prozent) und die des Sehens (30 Prozent) und geht sodann von 50 Prozent bleibendem Wissenserwerb beim Einsatz von audiovisuellen Medien aus (vgl. Ballstaedt 1990).

Die Betreiber der Science Center halten trotz dieser Kritik an ihren Konzepten fest, bestreiten auch den Mehrwert an Unterhaltung nicht, sowieso seien die wenigsten ihrer Besucher tatsächlich primär lerninteressiert. Das macht auch das Ergebnis der 2001 vom Bundesministerium für Bildung und Forschung durchgeführten Fachtagung »Lernen in Erlebniswelten« anschaulich, denn dort waren durchaus nicht alle Vertreter von Museen, Freizeitparks, Bildungseinrichtungen und Science Centern der einhelligen Auffassung, dass Spaß und Unterhaltung in einer »Erlebnisgesellschaft« (vgl. Schulze 2005) von den Inhalten einer Wissensgesellschaft abgelöst werde (vgl. IFKA 2005). Es wird dem Besucher keine Anstrengung abverlangt und kein Selbstdenken – weshalb die kognitive Verarbeitung in vielen Fällen wenig nachhaltig sein wird.

Die Kritik, Science Center seien »lost in decoration«, wird noch von einer Kritik des Inhaltlichen übertroffen: In Science Centern fände eine Verkürzung komplexer Zusammenhänge und eine Bebilderung willkürlicher Thesen statt. Die überraschenden und inhaltlich anspruchslosen Kontextualisierungen wissenschaftlicher Forschung und ihrer Ergebnisse würden wirklich wichtige Informationen verdrängen (vgl. Seibt 2000; Fehlhammer 1999: 39) und nur Halbwissen weitergeben. Bedenklich und gar gefährlich scheine, dass die Präsentationen von einem ungebrochenen Wachstums-, Fortschritts- und Technikglauben geprägt seien und ausschließlich die Bedeutung des anwendungsorientierten Wissens aufzeigen würden: Der Triumph der technischen Moderne geht ausschließlich in eine Richtung: nämlich »nach vorn, auf dem Königsweg der technisch-wissenschaftlichen Evolution« (Assheuer 2000: 3). Mit einer Sicherheit der Vollkommenheit des naturwissenschaftlichen Wissens und einem nahezu aggressiven Optimismus würden die Science Center die »Meistererzählung über die Zukunft der westlichen Moderne ohne Brüche, ohne Katastrophen und Widersprüche, ohne Angst und Verzweiflung« zur Schau inszenieren:

»Die Techno-Mysterien streuen dem Publikum Sand in die Augen. Mit raffiniertem Kalkül verwischen sie den Unterschied zwischen Wissen und Werten; sie vernebeln das Bewusstsein dafür, dass die Gesellschaft ständig zur politischen Entscheidung gezwungen ist und sich unablässig über ihre Grundlagen verständigen muss« (Assheuer 2000: 6).

Das liegt zweifellos auch daran, dass geistes- und kulturwissenschaftliche Fragestellungen nicht zum Repertoire von Science Centern gehören – ein Defizit, das auch darauf zurückzuführen ist, dass vergleichbare Vermittlungsanstrengungen in kulturwissenschaftlichen Sektoren nicht zu verzeichnen sind. Hier gibt es die historischen Museen, die ethnologischen Sammlungen und völkerkundlichen Museen, jedoch keine integrierten Konzepte für ein Museum über die Menschen und ihre Möglichkeiten. Immerhin wird in Science Centern zunehmend versucht, die öffentliche Diskussionskultur über Unsicherheiten, Gefahren, Risiken und Folgen naturwissenschaftlicher Forschung und deren Nutzung in den Rahmenprogrammen zu etablieren (z. B. durch die Reihe »Wissen aktuell« im Kölner *Odysseum*, die gegenwärtige Fragestellungen wie »Wie verändern aktuelle Entwicklungen in der Biogenetik unsere Welt?« aufnimmt). Damit soll sich Wissenschaft in Science Centern nicht mehr nur ihrer selbst und ihrer Errungenschaften versichern, sondern auch Kontroversen über Grenzen und Fehlentscheidungen, die normalerweise hinter verschlossenen Türen der Forschungseinrichtungen geführt werden, in und mit der Öffentlichkeit austragen. Das *Dana-Centre*, das auf viele Londoner große Anziehungskraft ausübt, schuf extra eine eigene Einrichtung für reine Dialogveranstaltungen, das Science-Café. Aber auch in Deutschland gibt es hier und da Versuche, ökonomische, soziale und kulturelle Dimensionen in Ausstellungen zu berücksichtigen und Wissenserwerb als einen partizipativen Prozess zu begreifen, wie das vorbildhaft im Dresdner *Hygiene Museum* (durch zahlreiche Veranstaltungen wie z. B. »Einblicke in die Wissenschaft« und die »Kinderuniversität«) oder im *Deutschen Museum* in München (hier sind die »Themenpfade«, in denen wichtige aktuelle Themen und auch Meinungen zu Exponaten des Museums in Beziehung gebracht werden, sowie Sonderformate wie »Wissenschaft für jedermann« hervorzuheben) praktiziert wird.

Deutlich ist aber die Dominanz natur- und technikwissenschaftlicher Themen im Feld avancierter Vermittlung – hier spiegelt sich der gleichmütige Verzicht der Geistes- und Kulturwissenschaften auf gesellschaftliche Sichtbarkeit ebenso wider wie in anderen Vermittlungsformaten wie dem Sachbuch oder dem Fernseh-Feature. Das ist keineswegs den Kolleginnen und Kollegen aus den Natur- und Technikwissenschaften anzulasten – die geistes- und kulturwissenschaftliche Zurückhaltung in Fragen der Vermittlung ist übrigens auch an den bisherigen Preisträgern des »Kommunikator«-Preises der Deutschen Forschungsgemeinschaft (DFG) abzulesen: Lediglich zwei von bislang elf für ihre Leistungen in der Wissenschaftskommunikation Ausgezeichneten gehören geistes- und sozialwissenschaftlichen Disziplinen an.

Diese Vermittlungsaskese hat zu dem öffentlichen Eindruck geführt, dass Wissenschaft vor allem dann interessant ist, wenn sie etwas mit Natur und Technik zu tun hat. Daher gilt es aus unserer Sicht, Science Center als Inspirationsquelle für ähnlich ansetzende Vermittlungsstrategien im Feld des Historischen und Kulturellen zu nutzen und zugleich ihre positivistischen Verkürzungen zu vermeiden. Ein Beispiel scheint uns dabei als besonders instruktiv.

## Best-Practice: Das *Klimahaus* in Bremerhaven

In Bremerhaven begrüßt ein kleines Mädchen den *Klimahaus*-Besucher mit »Es ist Zeit« und sensibilisiert ihn damit dezent und unaufdringlich für die Dramatik des Klimawandels und dessen Folgen. »Es ist Zeit«, etwas zu tun, denn der Klimawandel vollzieht sich viel rasanter, als es vor wenigen Jahren die Wissenschaftler prognostizierten. Klimaschutz ist sowohl eine technologische als auch eine gesellschaftliche und politische Aufgabe. »Es ist (aber auch) Zeit«, nach neuen Modellen für die Ausstellungspraxis der Science Center zu suchen. Und das macht das *Klimahaus* Bremerhaven, indem es sich auf eine weltweit einzigartige Art und Weise ausschließlich einem Thema widmet.

Auf einer »Reise« entlang des achten östlichen Längengrades durchmisst der Besucher im ersten Ausstellungsbereich des Hauses die wichtigsten Klimazonen der Erde. Vergleichbar einer morgendlichen Warm-Kalt-Wechseldusche, werden die kühlen Schweizer Alpen, die Hitze in Niger oder die feucht-tropische Luft des Regenwaldes erlebbar gemacht.

Das *Klimahaus* inszeniert also eine Reise um die Erde und

macht damit Klima fühlbar: extreme Hitze, extreme Kälte und alles das, was für das Leben in der jeweiligen Klimazone typisch ist. Besucher bekommen zudem ein Empfinden für die Landschaften und erleben, wie sie in ihrer ungeheuren Vielfalt vom jeweiligen Klima geprägt werden. Aber die Besucher gewinnen auch eine Fülle weiterer Einsichten über unterschiedliche Lebensbedingungen, über Kulturen (z.B. der Nomaden), über Traditionen (z.B. die Tätowierungen der Samoaner) oder über Gesellschaftsstrukturen (z.B. das Patriarchat in Kamerun).

Diese Reiseerlebnisse werden im zweiten Ausstellungsbereich »Elemente« mit wissenschaftlich fundierten Daten, Fakten und Phänomenen über das Klima verdichtet. Dort können die Besucher selbst tätig werden, getreu dem klassischen Science-Center-Prinzip der Hands-on-Exponate. Die über hundert Experimente, »Sinnesstationen« und Multimedia-Installationen beziehen sich dabei auf die vier Elemente Feuer, Wasser, Erde und Luft und machen zum Beispiel anschaulich, welche Auswirkungen Sonnenaktivität, Wind oder Vulkanausbrüche auf das Klima haben.

Dann verlässt das *Klimahaus* die üblichen Konzeptionen anderer Science Center und Ausstellungshäuser, da diese ausschließlich auf die Gegenwart und nicht auf die Zukunft ausgerichtet sind. »Wie geht es weiter?«, fragt der dritte Teil »Perspektiven« und gibt der Problematik des Klimawandels Raum. Der Besucher kann erfahren, wie sehr das menschliche Leben vom Klima beeinflusst wird (in der Vergangenheit wie auch in der Gegenwart), aber ebenso welche Veränderungen den Menschen im Angesicht des anthropogenen Klimawandels noch bevorstehen – respektive welche dramatischen Veränderungen bereits eingetreten sind. Hier werden wissenschaftliche Ergebnisse und die verschiedenen Zukunftsszenarien des Klimawandels visualisiert. An einem Exponat kann der Besucher zwischen verschiedenen Szenarien wählen: $CO_2$-Anstieg, Verbrauch von Wasserressourcen oder Anstieg der weltweiten Armut. In diesen Szenarien der Klimaforschung, wie es an bestimmten Orten in fünfzig Jahren aussehen könnte und welche Ereignisse eintreffen könnten, vermag sich der Besucher auch mit »unbequemen Wahrheiten« zu konfrontieren: Denn die industrielle, ungezügelte Wirtschaftsweise und ein exzessiver Individualismus zerstören die Grundlagen unserer Gesellschaft.

Im Ausstellungsbereich »Chancen« werden dagegen konkrete alltagspraktische Tipps gegeben, was der Einzelne tun kann, um das Klima zu schützen.

Dieser letzte Bereich »Chancen« kann die Besucher für den Klimaschutz sensibilisieren – muss es aber nicht. Der Besucher errechnet (zunächst: spielerisch) seinen $CO_2$-Verbrauch und erhält konkrete Handlungstipps für den eigenen Alltag, zum Beispiel für das Kochen und Waschen oder für die Freizeit und Mobilität. Es werden aber auch zivilgesellschaftliche Initiativen und Bündnisse vorgestellt, welche sich den Schutz der Umwelt zum Programm gemacht haben.

Das *Klimahaus* in Bremerhaven ist für unsere Frage- und Aufgabenstellung wegweisend, weil

- das *Klimahaus* weder ein Museum noch ein traditionelles Science Center ist. Es eröffnet die neue Kategorie einer situationistischen Vermittlungskultur, die über ein Erlebnis konkrete Gebrauchszusammenhänge für das frisch erworbene Wissen anbietet. Man erfährt mehr über die Bedeutung des Klimas für die Überlebensbedingungen von Menschen (am anderen Ende der Welt), wenn man die Lebensbedingungen unter verschiedenen klimatischen Voraussetzungen selbst erlebt, als wenn man zum Beispiel Klimastatistiken studiert;

- im *Klimahaus* neben naturwissenschaftlichen Erkenntnissen auch gesellschaftliche und kulturelle Aspekte sowie komplexe Zusammenhänge dargestellt werden. Was tun, wenn der Wasserpegel um die Hallig Langeneß steigt, wenn die See so sehr tobt, dass der Steg bereits überflutet ist? Man kann dann gemeinsam eine Warft bauen und hoffen, dass die Häuser die Flut überstehen und die eigenen Füße trocken bleiben;
- im *Klimahaus* gesellschaftliche Diskurse und Entwicklungen zu den Themen Klima, Klimawandel und Klimaschutz anhand der Klimazonen aktualisiert werden – etwa die ungleiche Verteilung von Verursachung und Folgen des Klimawandels;
- im *Klimahaus* nicht nur gesicherte wissenschaftliche Erkenntnisse thematisch aufgezeigt werden, sondern auch der Forschungsprozess selbst. So wird zum Beispiel dargestellt, wie Forschung natürliche Archive – wie Baumscheiben oder Eiskerne – für sich nutzt. Es gibt sogar Originalarbeitsplätze und auch Geräte, die aus dem Alfred-Wegener-Institut für Polar- und Meeresforschung stammen; anhand dieses Inventars kann man sehen:

So arbeiten Ozeanologen. Daneben befinden sich acht Kammern, die acht Erdperioden vertreten. Zum Beispiel gab es eine Periode, in der es zehntausend Jahre nur regnete. Von dieser Kammer, in der es tatsächlich permanent regnet, führt eine Linie genau zu dem Arbeitsplatz des Forschers, der sich mit dieser Erdperiode beschäftigte. Und man sieht, was genau der Wissenschaftler untersuchte, um das zu erfahren, was wir jetzt über die Regenzeit wissen;

- im *Klimahaus* der Besucher als eine eigenständige Persönlichkeit verstanden wird, der sich selbst orientieren muss und sich frei aktiv Wissen aneignet. Diese handlungsorientierte Vermittlung steht auch für ein nachhaltiges Lernen. Nachhaltig meint hier: sich an das Gelernte erinnern zu können;
- im *Klimahaus* Zukunft visualisiert wird, von der es noch kein Bild gibt, etwa anhand von Szenarien möglicher Entwicklungen im 21. Jahrhundert;
- im eigenen Haus institutionalisierte Klimapraxis betrieben wird und das *Klimahaus* damit selbst beispielgebend ist. So verfügt der Baukörper über ein Klima- und Energiekonzept, das eine einmalige Energieversorgung über Betonkernaktivierung, Kraft-Wärme-Kopplung und natürliche Belüftung zulässt. Durch den gesamten Betrieb des *Klimahauses* fallen keine zusätzlichen $CO_2$-Emissionen an.

Angesichts der Seltenheit innovativer Ansätze und experimenteller Projekte und des naiven wissenschaftlichen Positivismus der meisten Science Center sollte dieser »Besuch« im *Klimahaus* Bremerhaven zeigen, dass es sich durchaus lohnen kann, über neue Formen der Ausstellungspraxis in Institutionen nachzudenken, die wissenschaftlich basierte Informationen vermitteln. Das *Klimahaus* könnte man als eine Art Übergangsinstitution im Bereich avancierter Wissensvermittlung betrachten: Es leitet von natur- zu kulturwissenschaftlichen Fragestellungen über und experimentiert erfolgreich Übergänge von der Wissens- zur ästhetischen Vermittlung, verbindet Erlebnis und Erkenntnis. Daraus kann man lernen.

Andere Gewohnheiten und Standards der Mediennutzung und Wissensgenerierung bei heutigen Jugendlichen verweisen nicht nur auf Schwierigkeiten, sondern auch auf besondere Chancen und Anschlüsse für aktive Strategien der Informationssuche und -kombination. Ähnlich bilden event- und erlebnisorientierte Spielformate im Bereich von computer games, aber auch im Film und im Fernsehen nicht nur neue Konkurrenzen für traditionelle Vermittlungsformen der historischen und politischen Bildung, sondern vielfältige Anknüpfungspunkte für Vermittlungsstrategien mit hohem Attraktionswert gerade für die jüngeren Abnehmergruppen von Bildungsangeboten. Anspruchsvolle Vermittlungsangebote werden über erlebnisorientierte Ausstellungsdesigns realisiert, die die oft als unvereinbar betrachteten Elemente Spaß, Wissensaneignung und Erschließung fremder Wirklichkeiten sehr erfolgreich integrieren. Wie gezeigt, erlaubt das *Klimahaus* die Durchwanderung von acht Klimazonen-Kulissen, die nach Originalschauplätzen gestaltet sind, und die Aneignung der begleitenden Informationen, ohne dass die Rezipienten das Gefühl haben, Wissen eingetrichtert zu bekommen oder etwas lernen zu müssen.

In Gedenkstätten geschieht die Auseinandersetzung mit Ausgrenzungs- und Gewaltprozessen erstens lebensweltfern und zweitens fast nie mit flankierenden gegenteiligen Phänomenen wie Solidarität, Hilfeverhalten, Widerstand oder anderen Aspekten prosozialen Verhaltens. Die Fokussierung auf das Grauen der Vernichtung führt nicht nur zu einer unguten Konzentration der Ausstellungsdesigns auf Gewalt und Ohnmacht und damit zu einer Schwächung des Vertrauens in Handlungsspielräume und zur Demotivierung von Zivilcourage, sondern paradoxerweise auch zu einer historischen Dekontextualisierung des Holocaust in dem Sinn, dass seine Genese aus der Mitte einer modernen Gesellschaft im christlich-abendländischen Kulturzusammenhang gänzlich unterbelichtet bleibt. Sowohl die Potenzialität von individuellen und kollektiven Entscheidungen, wie zum Beispiel die Pfadabhängigkeit und Eskalationsdynamik von sozialen Fehlentwicklungen, bleiben gänzlich unverständlich, was nicht gerade förderlich für die Offenlegung von anderen – auch unerwartbaren – Handlungsperspektiven und Engagementbereitschaften ist. Insofern kann die Konzentration auf die Verbrechenszusammenhänge des Holocaust kontraproduktiv für die Erzeugung zivilgesellschaftlichen Engagements und zivilcouragierten Verhaltens in Gegenwart und Zukunft wirken.

Wer etwa mit der Monumentalität des Grauens eines Vernichtungslagers und der Ohnmacht der Opfer konfrontiert worden ist, wird große Schwierigkeiten haben, das darauf bezogene Wissen auf seine Gegenwart zu beziehen, und wenig Vertrauen in die Ausgestaltungsmöglichkeiten eigener Handlungsspielräume entwickeln können. Aber genau darum ginge es, wenn man die genannten Erziehungsziele in der Bürgergesellschaft realisieren will: um die Sichtbarkeit und Erfahrbarkeit gegebener Handlungsspielräume und die Einübung von Resilienz, also die Aufrechterhaltung von Handlungsperspektiven auch unter äußerlich einschränkenden Bedingungen.

Es wäre daher ein äußerst lohnendes und beispielhaftes Unterfangen, einen zivilgesellschaftlichen Lernort neuen Typs zu konzipieren und zu realisieren, in dem die Bedingungen und Potenziale menschlichen Handelns anschaulich, spannend und aktivierend erschlossen werden können. Ein solcher zivilgesellschaftlicher Lernort neuen Typs würde eine Wende von der Gewalt- und Grausamkeitszentrierung der Erinnerungskultur und von der »historisch entkernten Frömmigkeit« (Volkhard Knigge, 2010) hin zur partizipativen, demokratieorientierten bürgergesellschaftlichen Persönlichkeitsbildung bedeuten.

## Geschichte als Potenzial: Ein *Haus der menschlichen Möglichkeiten*

Nach Entrümpelung und Sichtung des Inventars kommen wir nun zur Renovierung der geschichts- und erinnerungskulturellen Praxis. Hierzu möchten wir in praktischer Perspektive eine Option vorstellen, die die Gedenkstätte als Ort politischhistorischer Bildung ergänzen, langfristig vielleicht sogar ersetzen könnte, nämlich dann, wenn man mehr Interesse an der Zukunft als an der Vergangenheit hat oder mit Søren Kierkegaard das Leben zwar in der Schau rückwärts versteht, aber vorwärts lebt. Wir nennen unsere Schau: das *Haus der menschlichen Möglichkeiten*. In einem solchen Haus, das sich mit sozialem Handeln, seinen Bedingungen und Möglichkeiten in erweiterter Perspektive beschäftigt, wäre Zivilcourage *ein* zentrales, aber nicht *das* zentrale Thema. Es geht hier allgemeiner um die Voraussetzungen und Bedingungen menschlichen Handelns, um das Wahrnehmen, Ausmessen und Nutzen von Handlungsspielräumen und um die sozialen Mechanismen und Bedingungen, die zu Irrtümern, Fehlentwicklungen und Katastrophen führen.

Menschen leben nicht nur in der Gegenwart, sondern können mentale Zeitreisen zwischen Vergangenheit, Gegenwart und Zukunft machen. Menschliche Existenz besteht prinzipiell und unhintergehbar im permanenten Vorentwurf künftigen Überlebens. Deshalb ist Zukunft die entscheidende Zeitgestalt der menschlichen Lebens- und Überlebensform; jeder Gebrauch von Geschichte hängt davon ab, in welche Zukunft man sich hineinbewegen möchte. Deshalb verläuft gesellschaftliche Entwicklung niemals nach Masterplänen – sie hängt davon ab, wie die Absichten, Pläne und Antizipationen künftiger Handlungsfolgen sehr vieler unterschiedlicher Akteure zusammenwirken. In diesem Sinn verläuft soziales Handeln, wie Norbert Elias sagt, im Ganzen ungeplant – daran scheitern früher oder später alle totalitären Systeme. Demokratie ist jene Regierungsform, die alternative Zukünfte in ein Abwägungsverhältnis bringt und damit grundsätzlich zukunftsfähiger als alle Systeme, die mit Fünfjahresplänen und dergleichen arbeiten. Aber da die Handlungsfolgen von gestern die Handlungsbedingungen von heute sind, interveniert Geschichte auf vielfältige Weise in die Zukunftshorizonte.

Wenn es überhaupt so etwas wie ein Wesen der Menschen gibt, dann liegt es erstens im Plural und zweitens in ihrer konstitutiven Potenzialität – ihrer kooperativen Lebensform und ihrer Fähigkeit zur Antizipation künftiger Chancen und Bedrohungen. Nun werden die menschlichen Möglichkeiten individuell wie kollektiv desto größer, je besser die Lebensbedingungen in der Gegenwart sind – erst die Freiheit von der unmittelbaren Sicherung des Überlebens gestattet die luxuriöse Beschäftigung mit Möglichkeiten zur Verbesserung der Existenz; umgekehrt kann dieser Luxus jederzeit beschränkt werden oder spurlos verschwinden, wenn die Sicherheit des Überlebens bedroht ist. Das aber bedeutet zugleich, dass die Möglichkeit, die prinzipiell für alle Menschen gleiche Potenzialität auszugestalten, höchst ungleich verteilt ist, was weiter eine ungleiche Verteilung zukünftiger Chancen bedeutet. Genau darum geht es in einer Zivilgeschichte der Zukunft, die auf eine zeitgenössische Weise aufklärerisch und emanzipativ wirkt.

Die Betonung liegt bei alldem auf der Entwicklung eines Möglichkeitssinns – aus unserer Sicht die wichtigste Aufgabe politischer und historischer Bildung: Denn grundsätzlich sind aber gegebene gesellschaftliche Institutionen- und Handlungsgefüge als Speicher von Potenzialen zu verstehen, die je nach dem definierten Ziel, das verfolgt wird, ganz unterschiedliche Wirklichkeiten hervorbringen können. Schon darin steckt ihr immanent Zukünftiges: Jede Gegenwart ist daher immer nur eine Möglichkeit dessen, was später Geschichte genannt wird.

Die innere Konzeption des *Hauses der menschlichen Möglichkeiten* basiert auf *drei storylines*:

*Storyline 1* konzentriert sich auf die Grundbedingungen der menschlichen Lebensform, dass diese also erstens in Kooperation besteht und zweitens in Koevolution: Menschen haben sich historisch ihre eigenen Entwicklungsumgebungen selbst geschaffen. Das sind Kulturen.

Der dramaturgische Bogen der *zweiten storyline* nimmt sich der Mythen und Irrtümer an, die im Alltagsleben kursieren: »Der Mensch ist egoistisch«, »Der Firnis der Zivilisation ist dünn«, »Jeder ist seines Glückes Schmied« etc. Die Besucherinnen und Besucher werden in Situationen gebracht, in denen nicht nur solche Handlungs- und Denkfallen erkannt und korrigiert, sondern auch neue Möglichkeiten des Handelns realisiert werden können. So führt der Weg vom Handeln zum Denken erneut zum Handeln oder eben nicht – dann bieten die Szenarien wenigstens Anlass zum Staunen und zum Wundern.

*Storyline 3* zeigt die Potenziale der Menschen zum Guten und zum Schlechten und verbleibt damit inhaltlich im bislang diskutierten Feld der historischen und politischen Bildung. Diese *storyline* konzentriert sich in unterschiedlichen Vermittlungsmedien und -formaten auf die Themen Konformität, Hilfeverhalten, Ausgrenzung, Solidarität, Gewalt, Gruppendenken etc.

Bevor wir detaillierter auf die drei Themenpfade eingehen, möchten wir zuvor ein paar Worte über die Art der Vermittlung im *Haus der menschlichen Möglichkeiten* verlieren. Die Attraktivität der Inhalte soll vor allem über die Wahl spielerischer, experimenteller und aktivierender Formen der Aneignung realisiert werden. Besonders wichtig ist, dass die Designs der Ausstellungsmodule an die lebensweltliche Gegenwart der Abnehmerinnen und Abnehmer der Vermittlungsangebote anknüpfen. Daraus folgt notwendigerweise eine Abkehr vom Paradigma der Top-down-Pädagogik (»Ihr sollt wissen«) hin zu einer kooperativen Erarbeitung von Inhalten oder Ausstellungseinheiten (»bottom up«). Dies kann über eine Vielfalt von Strategien umgesetzt werden: Sie reichen von der klassischen »Flachware« (also Bild- und Textmedien) über bewährte Experimente der Psychologie und Sozialpsychologie (die z.B. mit Hilfe von game designs für Alleinbesucher als Lernspiele operationalisiert werden oder für Gruppen in vereinfachter Form zu Rollenspielen aufbereitet werden) bis hin zu aufwändigen Szenografien, durch die die Möglichkeit besteht, Realerfahrungen mit eigenen Handlungs- und Verhaltensbereitschaften zu machen. Szenografie bezeichnet eine ganzheitliche Betrachtung von Ausstellungsräumen. Dann dienen Räume nicht nur als Kulisse, sondern die gesamte Gestaltung bildet zusammen mit dem Ausstellungsdesign und dem Gezeigten eine alles umfassende Wirkung. Auf eine solche Weise können gesellschaftliche – auch ganz alltägliche – Szenen oder auch Originalschauplätze detailgetreu nachgebildet werden, in denen das Lernen von Verhalten in bestimmten sozialen Situationen zum Konzept gehört. Durch Deutungshinweise, die angeboten werden, wird gleichzeitig die Möglichkeit eröffnet, das eigene Verhalten und die eigenen Handlungen daran auszurichten. Zweifelsohne: Die endgültige Realisierung und Gestaltung muss natürlich in die Hände von professionellen Ausstellungsmachern, Bühnenbildnern, Designern, Programmierern, Filmemachern und/oder Dramaturgen gelegt werden.

Die nun folgenden Beispiele, die sich an den *drei storylines* orientieren, dürften zeigen, dass die eben erwähnten Methoden der Vermittlung für nachhaltigere pädagogische Effekte sorgen als die bloße kognitive Konfrontation mit dem, was anderen Menschen zu anderen historischen Zeiten widerfahren ist. Das *Haus der menschlichen Möglichkeiten* könnte in summa so interessant und aufregend konzipiert werden, dass der Besuch Erlebnischarakter hat. Gerade jugendliche Besucherinnen und Besucher würden diesen bürgergesellschaftlichen Lernort neuen Typs nicht mit dem psychologisch kontraproduktiven Bewusstsein verlassen, mit einer moralischen Botschaft oder gar Verpflichtung ausgestattet worden zu sein, der sie nachzukommen haben, sondern etwas Spannendes über die Menschen und sich selbst erfahren zu haben.

## *Storyline 1:* Kooperation und Koevolution. Das, was nur Menschen möglich ist

Die biologischen Grundbedingungen menschlichen Lebens und Überlebens sind mit denen anderer Lebewesen identisch: Auch Menschen existieren in einem Stoffwechsel mit der Natur; ihren organischen Entwicklungsmöglichkeiten sind genetische Grenzen gesetzt, sie werden geboren, und sie sterben. Während aber die allermeisten nichtmenschlichen Lebewesen mit einem Gehirn ausgestattet sind, das zum Zeitpunkt der Geburt weitgehend ausgereift ist und es dementsprechend vor allem voreingestellte Verhaltensprogramme und Reaktionsmuster sind, die sie überlebensfähig machen, kommen Menschen mit einem sehr unfertigen Gehirn auf die Welt. Die organische Ausreifung einzelner Gehirnareale und -funktionen dauert bis zum jungen Erwachsenenalter an; die Entwicklung der neuronalen Verschaltungsarchitektur geschieht lebenslang. Das bedeutet: Menschliche Gehirnentwicklung findet immer unter Bedingungen von Kultur statt: Die Entwicklungsumgebungen und Fähigkeiten, die Gesellschaften zu einem gegebenen Zeitpunkt entwickelt haben, gehen in die Organisation der synaptischen Verschaltungen eines sich entwickelnden menschlichen Gehirns ein. Menschliche Gehirne sind biokulturelle Organe. Sie kommen nicht im Singular vor, sondern bilden sich nur in einem Netzwerk anderer Gehirne aus. Darüber kann man im *Haus der menschlichen Möglichkeiten* Geschichten erzählen: über das Gedächtnis, die Symbole, die Kultur, das Gehirn, das Bewusstsein.

## Gedächtnis

Die basalen Funktionen von Gedächtnis sind im Grundsatz bei Menschen dieselben wie bei anderen Organismen. Aber Menschen entwickeln neben den Gedächtnisfunktionen, die sie mit anderen Säugetieren und besonders mit anderen Primaten teilen, sowohl phylogenetisch, also die Stammesgeschichte, als auch ontogenetisch, also das Individuum betreffend, ein besonderes Gedächtnissystem, das ihnen offenbar einen entscheidenden evolutionären Vorteil verschafft. Dieser Vorteil besteht darin, dass sie ihre Erinnerungen in zwei Hinsichten auf eine funktional effizientere Ebene heben können. Menschen können sich nicht nur, wie andere Lebewesen, erinnern, sondern sie können sich auch erinnern, dass sie sich erinnern. Ihr Gedächtnis ist reflexiv und erlaubt es ihnen auch, unterschiedliche Zeitgestalten zu unterscheiden: Vergangenheit, Gegenwart, Zukunft. Diese Fähigkeit, sich selbst in einem Raum-Zeit-Kontinuum zu situieren, ist die Voraussetzung, die eigene Umwelt planmäßig erschließen und auswerten zu können: Während ohne reflexives Gedächtnis Reize und Reaktionen, Anforderungen und Antworten unmittelbar aufeinanderfolgen, eröffnet die Fähigkeit zum bewussten Erinnern einen prinzipiell unendlichen Raum von Aufschüben zwischen den jeweiligen Anforderungen und den möglichen Reaktionen darauf. Ein reflexives Gedächtnis ermöglicht das Warten auf bessere Gelegenheiten, das Überstehen problematischer Situationen, das Entwickeln effizienterer Lösungen. Ein solches Gedächtnis schafft erst jenen Raum des Agierens und Reagierens, den wir als »Handeln« bezeichnen.

## Symbole

Zweitens, und damit zusammenhängend, schafft ein reflexives Gedächtnis die Möglichkeit, Gedächtnisinhalte zu externalisieren, aus dem Organismus auszulagern: Angefangen von der einfachen Markierung eines Nahrungsverstecks über die Entwicklung symbolischer Austauschformen durch sprachliche Kommunikation bis zur Herausbildung von Schriftsprachen haben Menschen ganz einzigartige Formen der Repräsentation von Gedächtnisinhalten geschaffen, die wiederum zum einen Entlastung von Handlungsdruck, zum anderen die soziale Weitergabe von Erinnertem erlauben. Menschen können Informationen aufbewahren und kommunizieren; sie können sie mit der Erfindung von Schrift schließlich sogar an Menschen weitergeben, mit denen sie räumlich oder zeitlich überhaupt nichts verbindet, womit sich ein Fundus von gespeichertem Wissen auftut, der die Beschränkungen der direkten Kommunikationen radikal überwindet. Michael Tomasello hat auf der Basis vergleichender Säuglings- und Primatenforschung die Theorie aufgestellt, dass die Entwicklung symbolischer Kommunikation einen evolutionären Fortschritt ums Ganze bedeutet: Die Schaffung einer Möglichkeit der *kulturellen Weitergabe* von Erfahrungen im Medium der sprachlichen Kommunikation, argumentiert Tomasello, beschleunigt die langsame biologische Evolution mit den Mitteln des Sozialen (Tomasello 2002). Darauf geht die atemberaubende und sich permanent steigernde Entwicklungsgeschwindigkeit der Evolution menschlicher Existenzformen zurück: Menschen können ihre Erkenntnisfortschritte in der Bewältigung von Umweltanforderungen über Zeiten und Räume hinweg weitergeben, so dass die jeweils folgenden Generationen auf der Basis der gemachten, in soziale Praktiken überführte Bewältigungserfahrungen ihre Entwicklungsmöglichkeiten auf jeweils höheren Erfahrungsniveaus entfalten können.

## Kultur

Diese ungeheure Steigerung von Entwicklungsmöglichkeiten geht zentral auf die Technik zurück, Gedächtnis zu externalisieren und im sozialen Raum verfügbar zu machen. Deshalb spielen sich in den evolutionär extrem kurzen 200 000 Jahren der Existenz des *homo sapiens sapiens* die rasanten technologischen und kulturellen Fortschritte ab, die wir bei sich immer noch beschleunigender Weitergabegeschwindigkeit buchstäblich Tag für Tag erleben. Alles dieses geht auf jenen Entwicklungssprung zurück, den ein reflexives Gedächtnissystem ermöglicht. Denn auch wenn sich Menschen nicht nur in einem *räumlich* und *zeitlich*, sondern auch in einem *sozial* bestimmten Universum bewegen, sind sie gleichwohl Organismen mit einer spezifischen biologischen Grundausstattung. Aber jede Ontogenese findet in einem soziokulturellen Raum statt, der durch den jeweils erreichten Entwicklungsstand der Vorgängergenerationen gestaltet ist. Jede Generation beginnt, wenn man so will, ihre Entwicklung auf einem jeweils höheren Gesamtniveau als ihre Vorgängergeneration (»Wagenhebereffekt«). Dabei spielen Fähigkeiten zur Empathie, zur Imitation, zur Fürsorge zentrale Rollen. Menschen existieren nicht für sich, sondern in Beziehungen, die kulturell geformt sind.

## Gehirn

Ermöglicht wird der »Wagenhebereffekt« durch den Umstand, dass das menschliche Gehirn auf einzigartige Weise plastisch ist. Seine Entwicklung, Reifung und Formung hängt – im Vergleich zu anderen Säugetieren – in großem Ausmaß von Einflüssen aus der Umwelt des sich entwickelnden Menschen ab. Dieser Umstand ist schon vor mehr als einem halben Jahrhundert von dem Zoologen Adolf Portmann erkannt worden. Er hat das erste Entwicklungsjahr des Säuglings als »extrauterines Frühjahr« bezeichnet und damit gemeint, dass Menschen – im Unterschied zu anderen Säugetieren – in dem Sinne zu früh geboren werden, als ihr Entwicklungsstand noch keineswegs ausreicht, um aus eigener Kraft zu überleben. Säuglinge sind, das ist trivial, weder in der Lage, sich Nahrung zu beschaffen, noch, sich zu verteidigen, davonzulaufen – sie bedürfen über einen vergleichsweise sehr langen Entwicklungszeitraum hinweg des Schutzes und der von außen kommenden Sicherstellung ihrer elementaren Lebensnotwendigkeiten. Und zwar so lange, bis ihre organische Reifung so weit fortgeschritten ist, dass sie – theoretisch – allein überleben könnten.

Der Umstand, dass Menschen organisch zu früh, also unfertig, auf die Welt kommen, bedeutet nichts anderes, als dass in ihrer Entwicklung genetisch angelegte Ausreifungsprozesse mit sozialen Ausformungsprozessen zusammenfallen: Die organische und die soziale Entwicklung laufen gemeinsam ab. Und genau darauf ist die menschliche Gehirnentwicklung ausgelegt. Kein anderes Lebewesen verfügt über eine vergleichbare Neuroplastizität, kein Gehirn ist bei der Geburt so unfertig wie das des Menschen, keines besitzt ein vergleichbar großes

Entwicklungspotenzial für die Adaptierung an verschiedene und sich verändernde Umweltbedingungen.

Das Zentralorgan der Weltbewältigung, das menschliche Gehirn, ist zum Zeitpunkt der Geburt zwar in vielerlei Hinsicht außerordentlich weit entwickelt – Säuglinge können zum Beispiel hören, sehen, riechen, fühlen, schmecken und kommunizieren –, aber es ist, gemessen am erwachsenen Reifezustand und auch im Vergleich etwa zu Primatengehirnen, ausgesprochen unreif.

Ein menschliches Gehirn wiegt bei der Geburt nur rund ein Viertel des Gehirns eines Erwachsenen. Beim Schimpansen, dem genetisch nächsten Verwandten, sind es immerhin 60 Prozent. Die Anzahl der neuronalen Verschaltungen wächst ausschließlich beim Menschen noch nach der Geburt in fötaler Geschwindigkeit und Größenordnung weiter.

Auch einzelne Gehirnareale und -organe kommen erst mit der Pubertät zur endgültigen Ausreifung (wie das Stirnhirn), andere (wie die Schläfenlappen) erst mit Abschluss der Adoleszenz (Welzer/Markowitsch 2001).

In seinem Entwicklungspotenzial und seiner Offenheit für die formenden Einflüsse naturaler und sozialer Umwelten liegt der Grund für den Überlebensvorteil der menschlichen Spezies: Kein anderes Lebewesen kann sich unterschiedlichen und sich verändernden Umweltbedingungen so gut anpassen wie ein Mensch. Genauer kann man sagen: Menschen schaffen erst die Umwelt, in der sie sich entwickeln und existieren können. Da das Gehirn und mit ihm das Gedächtnis ein Organ ist, dessen Struktur sich selbst erst in Auseinandersetzung mit seiner physischen und sozialen Umwelt organisiert und

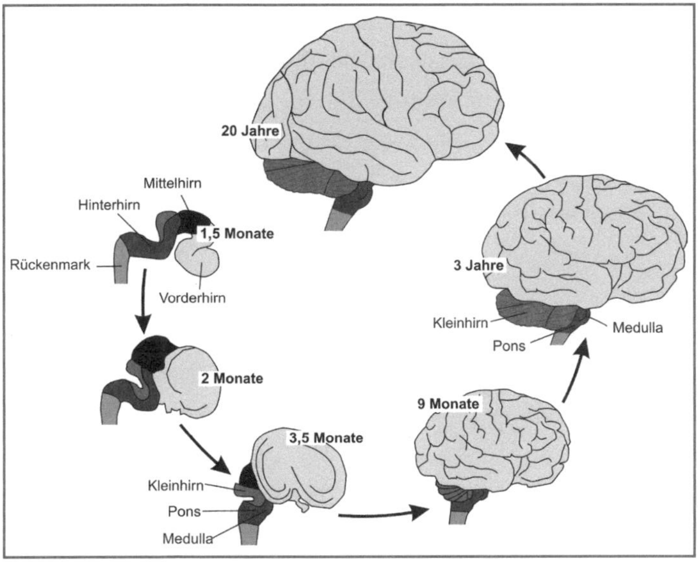


Die Entwicklung des menschlichen Gehirns von den embryonalen Anfängen bis zum Erwachsenenstadium.

entwickelt, haben wir es bei der Gehirn- und Gedächtnisentwicklung prinzipiell nicht mit einem autonom ablaufenden biologischen Vorgang zu tun, sondern mit einem biosozialen Prozess.

Damit entfallen auch die klassischen Dichotomien von »Anlage« und »Umwelt«, »Instinkt« und »Lernen«, »Leib« und »Seele«, denn in der Phylo- und Ontogenese von Menschen fallen Natur- und Kulturgeschichte zusammen. Ein weiteres Unterscheidungsmerkmal zwischen Menschen und anderen Lebewesen ist in einer fundamentalen Differenz der sozialen Organisation ihrer Überlebensgemeinschaften zu suchen. Während nichtmenschliche Primaten innerhalb ihrer Überlebensgemeinschaft um Nahrungsmittel konkurrieren und ein Sozialsystem entwickelt haben, das durch strikte Hierarchisierung und eine unumstößliche soziale Ordnung die Ernährungs- und Fortpflanzungserfordernisse der Gruppe reguliert, setzen menschliche Überlebensgemeinschaften auf ein völlig anderes Prinzip: auf Kooperation. Kooperation steigert die Potenziale der Einzelnen, indem sie Fähigkeiten und Kräfte bündeln, kombinieren, kumulieren kann und damit ihrerseits neue Potenziale zu entfalten in der Lage ist.

## Bewusstsein

Primaten leben in einer Welt der totalen Gegenwart. Ihre Existenz ist um die Befriedigung unmittelbar gegebener Bedürfnisse zentriert. Ihre Planungshorizonte (etwa beim Jagen) sind extrem kurzfristig, ihr Erinnerungsvermögen ist rein instrumentell und weist keine reflexive Dimension auf. Im Unterschied dazu, so der Kognitionspsychologe Merlin Donald (2001), entwickelte der *homo erectus* vor etwa 2 Millionen Jahren ein »mimetisches« Vermögen. *Homo erectus* war in der Lage, erlernte Fähigkeiten wie die Herstellung eines Steinwerkzeugs an andere weiterzugeben – diese wiederum lernten durch Nachahmung, das gleiche Werkzeug herzustellen. Nichtmenschliche Primaten sind dazu nicht in der Lage. Erfahrungen und Fähigkeiten weiterzugeben bedeutet aber, dass man sich selbst und die anderen als intentionale Wesen wahrnehmen kann, also Ziele von Handlungen vorausentwerfen und auch anderen solche Ziele zuschreiben kann. Damit ist zugleich die Möglichkeit geschaffen, dass man aus der Beobachtung der Handlungen eines anderen darauf schließen kann, welches Ziel er dabei vor Augen hat, selbst wenn dieses Ziel – wie bei der Herstellung eines Speeres – unmittelbar noch gar nicht anvisiert wird.

Gesten, Laute, Expressionen aller Art, Verfahren des Zeigens und Vormachens genügen bereits für eine rapide Ausweitung und Beschleunigung kultureller Weitergabeprozesse. Die auf der mimetischen Stufe erworbenen Fähigkeiten liefern aber strukturell die Basis für die Innovationen des nächsten Stadiums, das Merlin Donald »mythisch« nennt und das durch die Entwicklung symbolischer Kommunikationsformen gekennzeichnet ist. Dies ist das Stadium, in dem der *homo sapiens* auftritt.

Die kulturellen Innovationen, die in diesem Stadium geschaffen werden, beinhalten neben der Entwicklung von Symbolsprachen etwa auch die Herstellung komplexer Handwerkszeuge, die Vervollkommnung von Jagdtechniken, die Herstellung von Booten, Behausungen, Waffen, Musikinstrumenten (Donald 2001: 262). Auch werden Begräbnisriten eingeführt, ein deutlicher Hinweis auf ein nunmehr vorhandenes Bewusstsein über Vergangenheit und Zukunft, was das endgültige Verlassen der Welt zeitloser Unmittelbarkeit der anderen Säugetiere anzeigt.

Die mit diesem Stadium verbundene Kultur ist eine orale Kultur – die mit ihr gegebenen, vergleichsweise dramatisch angewachsenen Potenziale kultureller Weitergabe werden im folgenden Stadium, gerade mal vor 40 000 Jahren, durch jene Entwicklung noch einmal radikal erweitert, von der schon die Rede war: Es entstehen Schriftsprachen und damit Symboltechniken, die es erlauben, Erinnerungs- und Gedächtnisinhalte, Erfahrungen und Wissen aus dem Raum sozialer Unmittelbarkeit zu exportieren, auf Dauer zu stellen und über Räume und Zeiten hinweg zu kommunizieren. Diese Möglichkeit zur Externalisierung von Gedächtnis stellt die Basis für die atemberaubende Beschleunigung kultureller Weitergabeprozesse, die wir seither erleben. Man könnte sagen: Neben das Engramm, die neuronale Kodierung einer Umwelterfahrung im Gehirn des Einzelnen, tritt das Exogramm, die symbolische Kodierung einer Erfahrung, die der sozialen Umwelt von da an unabhängig von Zeit und Raum zur Verfügung steht. Donald nennt das die »theoretische Phase«.

Zusammengefasst erlauben diese drei koevolutionären Transitionen der kulturellen Weitergabe – mimetisch, mythisch, theoretisch – drei humanspezifische Entwicklungsschritte: eine verbesserte, selbstreflexive Handlungskontrolle in der mimetischen Phase, eine beschleunigte Technik der kulturellen Weitergabe und Abstraktionsfähigkeit durch die Symbolsprache in der mythischen Phase und eine abermals beschleunigte kulturelle Weitergabe durch die Externalisierung von Gedächtnis in der »theoretischen Phase«, die bis in die Gegenwart reicht. Dabei ist zu betonen, dass diese Stadien sich keineswegs ablösen, sondern sich gewissermaßen zueinander erweitern, so dass die spezifisch menschliche Form des Bewusstseins und des Gedächtnisses alle vorherigen Formen ebenfalls beinhaltet.

Biologisch und anatomisch finden wir keine Unterschiede zwischen den Menschen der Gegenwart und denen der menschlichen Urzeit vor 200 000 Jahren: Obwohl uns ca. 4000 Generationen von diesen Vorfahren trennen, sieht unser Gehirn weitgehend so aus wie das ihre, und vermutlich leistet es auch kaum mehr. Dieser erstaunliche Befund gibt in etwa die Dimension der koevolutionären Beschleunigung durch die menschliche Kultur an. Zugleich bedeutet er, dass – würde man mit der heutigen Physis aufgrund irgendeines H.-G.-Wells-Zeitmaschinenwunders in jenes Zeitalter hineingeboren – man sich exakt im Rahmen der kulturellen Bedingungen entwickeln würde, die damals herrschten, und es wäre keineswegs ausgemacht, ob man selbst ausgerechnet derjenige sein würde, der den tiefen Teller erfindet. Umgekehrt bedeutet dieser Befund, dass das Kind eines *homo sapiens,* würde es in unserer Welt aufwachsen, dieselben Fähigkeiten hätte, Jet-Pilot oder Computer-Hacker zu werden, wie jedes andere Kind der westlichen Hemisphäre auch. Alles, was sich in den vergangenen 200 000 Jahren im menschlichen Leben und Zusammenleben getan hat – und das ist offensichtlich eine Menge –, geht auf seine Selbstveränderung in der Veränderung seiner adaptiven Umgebung zurück. Nichts anderes bedeutet das Wort Kultur.

Schließlich: Hat das Prinzip der Koevolution eine Sphäre des Kulturellen entwickelt, die die Phylogenese kontinuierlich beschleunigt, zeichnet sich durch Phänomene wie den Klimawandel und andere menschengemachte Wirkungen auf den globalen Metabolismus ab, dass Menschen noch auf eine viel fundamentalere Weise beginnen, eine koevolutionäre Lebensform zu sein: Wir leben, so Paul Crutzen, inzwischen im »Anthropozän«, also in einem von menschlichen Einflüssen bestimmten Erdzeitalter (Crutzen 2002). Das führt uns in eine »Geologie der Menschheit« und damit zu einem völlig anderen Blick auf die Geschichte. War diese traditionell durch eine strikte Trennung von Natur- und Menschheitsgeschichte definiert, hebt sich diese Trennung durch die anthropogene Veränderung des Erdsystems auf, die wiederum die Ausgangsbedingung für alle weiteren evolutionären Entwicklungen bilden. »... das Anthropozän«, schreibt der Historiker Dipesh Chakrabarty, »wäre ohne die Geschichte der Industrialisierung nicht möglich gewesen, nicht einmal als Theorie. [...] Diese Verbindung jedoch bedeutet eine Ausdehnung der Idee historischen Verstehens in einem fundamentalen Sinn« (Chakrabarty 2010: 295). Die Verschränkung der Geschichte der menschlichen Spezies mit der Geschichte des Kapitals öffnet, das meint Chakrabarty mit dem fundamentalen Sinn, eine ganz neue Geschichte der Zukunft. Sie wird zeigen, ob mit dem Anthropozän unweigerlich die Zerstörung der für Menschen bewohnbaren Welt einhergeht oder ob auch dieses Erdzeitalter überlebenstauglich gestaltet werden kann.

Solche fundierenden Themen und Geschichten bilden die grundlegende *storyline* des *Hauses der menschlichen Möglichkeiten*. Sie präsentiert die menschlichen Möglichkeiten in einem substanziellen Sinn: Worin besteht die menschliche Lebensform, wie unterscheidet sie sich von anderen? Was sind ihre Möglichkeiten und Grenzen? Birgt das Potenzial zur unbegrenzten Aus- und Umgestaltung der Welt zugleich das Potenzial zu einer nach evolutionären Maßstäben extrem beschleunigten Selbstabschaffung einer Spezies?

Und sie zeigt auch, was die Vorstellungen über uns selbst sind, was historisch und kulturell natürlich höchst variabel ist. Mythen und Irrtümer über die menschliche Existenz- und Überlebensform gehören essenziell dazu. Diese bilden daher den Fokus der *zweiten storyline*:

## *Storyline 2:* Anders als man denkt

Wissen enthält Prozeduren und Praktiken, Kenntnisse über räumliche Gegebenheiten, andere Menschen und über Ereignisse. Es ist bewusst und unbewusst, und es geht von selbstverständlichen Voraussetzungen aus, über die es sich nie Rechenschaft ablegt. Jede Epoche prägt eigene Mythen über sich selbst: Der Wirtschaftsliberalismus erfindet den zu ihm passenden *homo oeconomicus*, der Imperialismus den tatkräftigen Eroberer fremder, ungenutzter Welten. Auch Mythen, Irrtümer, Fehler und verzerrte Selbst- und Fremdbilder helfen, Kulturen und ihre Regeln aufrechtzuerhalten. Während in Science Centern Wissen vermittelt wird, möchte das *Haus der menschlichen Möglichkeiten* in seiner *zweiten storyline* spielerisch mit den Annahmen umgehen, die heutige Besucherinnen und Besucher über sich und die Welt hegen.

### Menschen deuten alles, was ihnen begegnet

Menschen sind keine Pawlow'schen Hunde, sie reagieren nicht mit konditionierten Reflexen auf vorgegebene Reize. Zwischen Reiz und Reaktion gibt es bei Menschen etwas Hochspezifisches, etwas, das ihr Bewusstsein ausmacht und die menschliche Gattung von allen anderen Tieren unterscheidet: Menschen deuten, was sie wahrnehmen, und erst auf der Grundlage dieser Deutung ziehen sie Schlussfolgerungen, entscheiden sie und tun sie etwas. Deshalb handeln Menschen, anders als die marxistische Theorie annahm, nie auf der Grundlage objektiver Bedingungen, und sie handeln auch nicht, wie die »rational choice«-Theorien in den Sozial- und Wirtschaftswissenschaften lange glaubten, auf der Grundlage von Kosten-Nutzen-Kalkülen. Auch wenn Menschen in ihrem Wahrnehmen und Handeln an gesellschaftliche, kulturelle, hierarchische und biologische bzw. anthropologische Bedingungen gebunden sind, finden sie doch jeweils Deutungs- und Handlungsspielräume vor. Deuten und entscheiden zu können setzt natürlich Orientierung und Wissen darüber voraus, womit man es gerade zu tun und welche Konsequenzen welche Entscheidung hat. Daher lautet die alles entscheidende Frage, die Menschen an jede Situation stellen, in der sie sich befinden: Was geht hier eigentlich vor?

## Anders als man denkt

Es geht also darum, dem, was andere sagen und tun, Sinn beizulegen. Wie erfahren und begreifen Menschen ihre soziale Lebenswelt, und wie kommen verschiedene Menschen zu einer gemeinsamen Definition ihrer Wirklichkeit? Erstens neigt unser Denken und Handeln dazu, in vertrauten Situationen einfach weiter- und fortzudenken bzw. weiter- und fortzuhandeln, weil Routinen unserem Tun Form und Struktur verleihen. So ist unser Handeln von Tag zu Tag um die

In »Kitchen Stories« wird das (merkwürdige) Verhalten von Junggesellen in Norwegens Haushalten der 1950er Jahre untersucht.

Wiederholung von ähnlichen Verhaltensmustern organisiert. Selbstverständlich sind die Routinen nicht vollkommen identisch, dennoch: Kommt eine gravierende Veränderung vor, erfordern erprobte Alltagsroutinen eine Angleichung bzw. Veränderung.

Dieses Alltagshandeln, nämlich das (merkwürdige) Verhalten von Junggesellen in Norwegens Küchen der 1950er Jahre, hat der Spielfilm »Kitchen Stories« (2003) zum »Untersuchungsgegenstand« und betreibt wahre Feldforschung: In der Küche der alleinstehenden Männer nimmt jeweils ein Beobachter auf einem Hochsitz Platz und zeichnet die Handlungsabläufe während der Küchenarbeit auf.

Persönliche Kontakte zwischen Teilnehmer und Beobachter sind streng untersagt, da wissenschaftliche Distanz notwendig ist, um die Ergebnisse nicht zu verfälschen. Nebenbei beobachtet aber auch der Kinobesucher, der den Film sieht, den Beobachter beim Beobachten. Doch in der Küche des schrullig-skurrilen Singles Isak entwickelt sich zwischen der Versuchsperson und dem wissenschaftlichen Beobachter eine menschliche Beziehung. Kein Wunder: Anders als einem Elektron, das ein Physiker beobachtet, ist es dem menschlichen Beobachtungsobjekt ja bewusst, dass es beobachtet wird, und es neigt entsprechend dazu, sich so zu verhalten, wie es glaubt, dass der Beobachter erwartet, dass es sich verhalten wird.

Auch der Soziologe Harold Garfinkel untersuchte alltägliche Situationen und störte mit seinen »Krisenexperimenten« die Bedingungen des reibungslosen Ablaufs der Kommunikation:

> S: Wie geht's?
> E: In welcher Hinsicht? Gesundheitlich, finanziell, schulisch, psychisch oder …
> S: (mit rotem Gesicht und plötzlich außer Kontrolle) Ich wollte nur höflich sein, zum Kuckuck. Eigentlich ist es mir völlig egal, wie es dir geht (zit. in Giddens u.a. 2009: 13).

Garfinkel ging es nicht (nur) um die Herstellung absurder Situationen. Im Brechen der Regel und der darauf folgenden Reaktion wird wie im Negativ deutlich, auf welche unbewussten Wissensbestände, Regeln und Konventionen unser Alltag aufbaut. Er nannte das »Hintergrunderwartungen«, die unbewusst, aber gerade darum desto wirksamer sind: Welchen Gesichtsabstand hält man beim Sprechen ein? Wie verhält man sich im Fahrstuhl, wenn Abstandsregeln aufgrund der räumlichen Gegebenheiten verletzt werden *müssen*? Man blickt an die Decke oder durch die Anderen »hindurch«, simuliert Nichtanwesenheit, um den körperlichen Kontakt ertragen zu können. In überfüllten Straßenbahnen liest man demonstrativ, etabliert »Territorien des Selbst«. Solche Schutzschilder trifft man in vielen Kontexten. Die »höfliche Gleichgültigkeit« (vgl. Goffman 1982) beispielsweise teilt einer anderen Person mit, dass man sie bemerkt hat, aber nicht weiter behelligen wird. Eine Nichtbeachtung oder pures Ignorieren könnte als zu unhöflich, andere eindeutigere Gesten als zu aufdringlich gedeutet werden. Jemanden kurz anzublicken, dann aber gleich den Blick wieder abzuwenden, kennt man von der Straße oder beim Betreten eines Raumes, in dem sich bereits Personen befinden, sei es im Laden, im Wartezimmer oder auf einer Party.

## Organisationsprinzipien des Alltags

Soziales Handeln bedeutet stets, bewusste Handlungsentscheidungen zu treffen, was bestimmte Muster der Ausführung mit sich bringt. Zum Beispiel hat eine einmal getroffene Entscheidung Einfluss auf die sich darauf anschließende Handlung. Bildlich gesprochen heißt das: Befindet man sich an einer Kreuzung und entscheidet sich, den linken Weg weiterzugehen, sind nachfolgende Entscheidungen nur noch entlang dieses zuvor ausgewählten linken Weges möglich (Pfadabhängigkeit). Solche Pfadabhängigkeiten führen zu Fortsetzungen von Fehlentscheidungen: Man gibt ein Geschäft nicht auf, dass nichts mehr abwirft, weil man schon so viel investiert hat; ein Paar trennt sich nicht, weil die Ehe doch schon so lange hält. Die Forschung nennt das den Sunk-Cost-Irrtum. Man bleibt bei der eingeschlagenen Richtung, obwohl sie verhängnisvoll ist: Es steckt zu viel Energie drin, um es einfach aufzugeben.

Manchmal fühlen sich Menschen, besonders in für sie neuen Situationen, zum Handeln genötigt – sogar wenn man nicht die geringste Ahnung über die Folgen hat (Handlungsneigung). Abwarten oder Nichthandeln kann man schwer ertragen, weil man die neue Situation unter Kontrolle bringen möchte. Viele Tragödien hätten durch Nichtstun vermieden werden können.

Zu den zentralen Orientierungsleistungen des Alltags gehört die Reduktion von Komplexität: Stereotype und standardisierte Etikettierungen erleichtern den Umgang mit Fremden. Der amerikanische Soziologe Wiliam Chambliss hielt sich über zwei Jahre in einer Schule in Missouri auf (Chambliss 1973). Dort konnte Chambliss zwei Cliquen ausmachen, denen er die Namen »die Heiligen« und »die Rowdies« gab. Man kann sich denken, was die beiden Gruppen unterschied: Die »heiligen« Jungen entstammten der oberen Mittelschicht, waren selbstverständlich gute Schüler und wiesen ein hohes soziales Engagement auf. Die »Rowdies« hingegen kamen aus Familien der Unterschicht, und ihre Zensuren ließen sehr zu wünschen übrig. Auf folgendes Phänomen wurde Chambliss aufmerksam: Schuleschwänzen, Schlägereien und Alkoholgenuss der

»Heiligen« wurden von den Einwohnern der Stadt nur als Zeichen von gesundem Übermut als Nebenerscheinung der Pubertät betrachtet. Die gleichen Vergehen der »Rowdies« wurden hingegen viel strenger beurteilt, und selbstverständlich ging auch die Polizei gegen die »Taugenichtse« härter vor. Wie kommt es, dass das gleiche Verhalten von Bewohnern und Polizei jeweils anders beurteilt wurde? Ganz einfach: Die »Heiligen« waren ordentlich gekleidet, fuhren bessere Autos und beherrschten die Regeln der Höflichkeit gegenüber Erwachsenen. Die »Rowdies« aber hatten kein solch gepflegtes Äußeres, und auch ihre Manieren waren durchaus ausbaufähig. Selektive Wahrnehmung und Etikettierung machten so aus den »Rowdies« Delinquenten, aus den »heiligen« Jungen mit dem gleichermaßen delinquenten Verhalten indes nicht. Dieses Beispiel zeigt, dass Abweichung eine heftige Missbilligung auslösen kann (gegenüber den »Rowdies«), während eine gleichgelagerte Verletzung der Normen nur als Ausrutscher im Rahmen eines sonst ganz respektablen Verhaltens betrachtet werden kann (das der »Heiligen«). Abweichendes Verhalten ist demnach nur das Ergebnis einer sozialen Definition. Des Weiteren wurde deutlich, dass, ob eine Person als abweichend etikettiert wird oder gerade nicht, davon abhängt, wer sie ist. Hier kann der »Haloeffekt« oder »Hofeffekt« zum Tragen kommen: Ein Kriterium oder eine Eigenschaft strahlt so stark, dass man von diesem einen Kriterium auf das Gesamtbild schließt und damit die Einschätzung der Person verzerrt. Darauf basieren komplette Weltbilder und Ideologien. Auch der sogenannte »Kontrasteffekt« ist Ursache für die Etikettierung der Jugendlichen geworden: Man beurteilt etwas als besser, anständiger, gesitteter (die »Heiligen«), wenn zugleich etwas Kontrastierendes, ein Gegenpol, vorhanden ist. Ein starker Kontrast lässt sich einfach besser erfassen als nur graduelle Veränderungen. Norbert Elias und John L. Scotson haben in ihrer Etablierten-Außenseiter-Studie (The Established and the Outsiders, 1965/2006) festgestellt, dass sogar die schlichte Existenzdauer einer Gruppe Machtunterschiede begründen kann. Einen größeren Zusammenhalt hat dann die Gruppe, die auf eine längere gemeinsame Geschichte zurückblicken kann (die »Etablierten«). Solche Gruppen prägen ein Gruppencharisma aus, das sich an den Erfolgen der »Besten« der eigenen Gruppe orientiert. Umgekehrt funktioniert die »Gruppenschande« der Außenseiter, die am Verhalten des »Schlechtesten« der Gruppe festgemacht wird.

Bei negativen Ereignissen, wie Kriegen und Katastrophen, lenkt sich der Fokus gern auf einzelne Personen oder Gruppen; dann kommt der sogenannte Attributionsfehler zum Tragen: Man überschätzt systematisch den Einfluss bzw. die Schuld an einem Ereignis von Personen und unterschätzt die situativen Bedingungen. Externe Faktoren sind auch bei einem anderen Zuschreibungsfehler wesentlich: Für Erfolge ist die eigene Person verantwortlich, an Misserfolgen sind die Umstände schuld. Umgekehrt gilt: Wenn jemand etwas Negatives getan hat, schreibt man das seiner Persönlichkeit zu (»Der ist eben ein Lügner!«), wenn man selbst lügt, war das einer Notlage geschuldet (»Ich lüge eigentlich sonst nie!«).

## Die self-fulfilling prophecy

In den meisten Fällen des Alltags ist die Bedeutung einer Situation allen Beteiligten völlig klar, aber es können auch Situationen eintreten, die vieldeutig sind. Dann wird Wirklichkeit erst durch soziale Interaktionen hervorgebracht – das heißt, Wirklichkeit ist weder fixiert noch statisch. Durch die Fortsetzung von Handlungen können Menschen dann zu einer gemeinsamen Situationsdefinition gelangen. Menschen agieren nämlich nicht auf der Grundlage von objektiven Gegebenheiten, sondern auf der Grundlage ihrer Interpretation der Wirklichkeit. Das zeigt besonders folgende Geschichte: Robert K. Merton erklärt das Phänomen der *self-fulfilling prophecy* mit einer kleinen Geschichte über den Bankrott einer New Yorker Bank in der 1930er Jahren: Die Geschäfte der Bank florierten, bis eines Morgens lautes Stimmengewirr in der Schalterhalle ausbricht. Ein Gerücht von der Insolvenz der Bank hatte sich verbreitet, so dass die Anleger alle sofort ihr Geld abheben wollten. Die liquide Bank wurde bis zum Abend in den Ruin geführt: Weil die Menschen das Gerücht für wahr hielten, richteten sie ihre Handlungen an ihrer gesellschaftlich erzeugten Definition von Wirklichkeit aus (vgl. Neckel u.a. 2010: 21 ff.). Oder so formuliert: Wenn Menschen eine Situation als real definieren, so sind auch die Folgen ihrer Handlungen real (Thomas/Thomas 1928: 572).

## Einstellung und Handeln

Das im Folgenden beschriebene Experiment soll wiederum verdeutlichen, dass zwischen dem, was Menschen über sich glauben – über ihre Moral, ihre Überzeugungen, die Festigkeit ihrer Haltung – und dem, was sie tatsächlich tun, ein immenser Unterschied besteht: An der Universität von Princeton/USA wurde im Jahr 1973 ein bemerkenswertes Experiment durchgeführt. Eine Reihe von Theologiestudenten bekam die Aufgabe, einen kurzen Vortrag zum Gleichnis vom barmherzigen Samariter zu verfassen. Den ausgearbeiteten Vortrag sollte jeder einzelne dann, auf eine gesonderte Aufforderung hin, in einem bestimmten Gebäude auf dem Campus halten, wo er dann aufgezeichnet würde. Während die Personen einzeln auf die Aufforderung warteten, ihren Vortrag zu halten, kam plötzlich jemand hereingeplatzt und sagte: »Oh, Sie sind noch da? Sie sollten schon längst drüben sein! Vielleicht wartet der Assistent noch – beeilen Sie sich!« Der betreffende Student hastete los. Im selben Moment wurde vor der Tür des aufzusuchenden Universitätsgebäudes eine scheinbar hilflose Person platziert, die sich mit geschlossenen Augen hustend und stöhnend am Boden wand. Man konnte das Gebäude nicht betreten, ohne diese Person, die sich offensichtlich in größten Schwierigkeiten befand, wahrzunehmen. Wie reagierten die angehenden Theologen auf diese Situation? Das Ergebnis war überraschend: Lediglich 16 von den 40 Testpersonen versuchten, etwas für die scheinbar hilflose Person zu tun, die übrigen liefen ohne Halt weiter zu ihrem Termin. Besonders irritierend war, dass sich in einer anschließenden Besprechung des Vorfalls mit den einzelnen Seminaristen herausstellte, dass viele derjenigen, die der hilflosen Person nicht geholfen hatten, »nicht einmal bemerkt hatten, dass da jemand in Not war, obwohl sie praktisch über ihn gestolpert waren« (Hunt 1992: 77).

Der Zusammenhang zwischen Einstellungen und Handlungen ist also viel lockerer, als wir gewöhnlich annehmen. In konkreten Situationen, die Entscheidungen und Handlungen erfordern, sind dafür Faktoren ausschlaggebend, die mit ethischen Erwägungen und moralischen Überzeugungen zunächst gar nichts zu tun haben. Da geht es nämlich um das Erreichen eines Zieles oder die Erfüllung einer Aufgabe und damit vordringlich um die Frage, wie man diese Aufgabe möglichst effizient erfüllt oder wie man das Ziel am besten erreicht. Im Fall der angehenden Theologen ging es, als sie die hilflose Person ignorierten, nicht um die Ethik des Helfens, sondern um die Geschwindigkeit, die sie einhalten mussten, um ihre Aufgabe zu erfüllen. In den Worten der amerikanischen Psychologen John Darley und Daniel Batson, die sich das Experiment ausgedacht hatten: »Wer es nicht eilig hat, bleibt unter Umständen stehen und versucht, einer anderen Person zu helfen. Wer es eilig hat, wird eher weitereilen, selbst wenn er sich eilt, um über das Gleichnis vom guten Samariter zu sprechen« (zit. nach Hunt 1992). Fehler bei der Situationsdefinition geschehen ständig.

### Kognitive Dissonanz

Tritt eine Situation ein, die sich als Widerspruch zu den eigenen Einstellungen und Ansichten herausstellt, wird die Situation nachträglich uminterpretiert. Der Sozialpsychologe Leon Festinger hat dafür den Begriff der Dissonanzreduktion geprägt und das folgende Beispiel gewählt: Vor fünfzig Jahren verkauften Anhänger eines kultischen Glaubens in Wisconsin all ihr Hab und Gut, weil prophezeit worden war, dass durch eine Überschwemmung der Weltuntergang bevorstehe. Auf einem hohen Berg erwarteten sie, als Auserwählte von einem UFO vor der Apokalypse gerettet zu werden. Als nichts passierte, weder ein UFO kam noch die Welt unterging, zog große Ratlosigkeit unter den »Auserwählten« ein. Doch wie verarbeiteten sie die Enttäuschung ihrer Erwartung? Statt niedergeschlagen zu sein und am Glauben zu zweifeln, entwickelten sie eine neue Erklärung: Zweifellos handele es sich hier um eine Prüfung der Festigkeit ihres Glaubens (Festinger u. a. 1956). Wenn Menschen eine Diskrepanz zwischen ihren Erwartungen und der Realität erleben, die sich praktisch nicht beseitigen lässt, erzeugt das ein tiefes Unbehagen und damit das dringende Bedürfnis, die Dissonanz zu beseitigen oder wenigstens zu reduzieren. Daher wird die Wahrnehmung der Wirklichkeit der eigenen Überzeugung angepasst, weshalb zum Beispiel Anlieger von Kernkraftwerken das Strahlungs- und Unfallrisiko regelmäßig niedriger einschätzen als Menschen, die weit entfernt von Atommeilern leben (Aronson 1994: 39).

### Kennt über sechs Ecken jeder jeden?

Gruppen von Menschen, die direkt oder indirekt innerhalb eines Beziehungsgewebes interagieren, kommunizieren oder kooperieren, nennt man ein Netzwerk. Stanley Milgrams »Small World«-Phänomen aus den 1960er Jahren illustriert an einem Beispiel, dass gesellschaftliche Strukturen soziale Beziehungen voraussetzen. Er stellte folgende Fragen: Wie hoch ist die Wahrscheinlichkeit, dass sich zwei zufällig ausgesuchte Personen kennen? Und wie viele Menschen sind nötig, um zwei miteinander unbekannte Menschen zu verbinden? Er wählte eine Start- und eine Zielperson in zwei verschiedenen Städten aus, gab ihnen die Aufgabe, eine Nachricht an eine Person aus dem eigenen Bekanntenkreis zu übermitteln, und zählte die Zahl der Zwischenpersonen, die nötig waren, bis die Nachricht die Zielperson erreichte. Das Ergebnis verblüffte: Die Nachricht brauchte im Durchschnitt nur bis zu fünf Übermittler, bis sie bei der Zielperson eintraf – wohlgemerkt zu einer Zeit, als an Internet und soziale Netzwerke noch nicht zu denken war. Das Milgram-Experiment ist noch heute Grundlage für die Netzwerkforschung; und Facebook hat inzwischen die Ecken weiter verkürzt: Die 721 Millionen große Webgemeinde ist über 4,74 Ecken miteinander verbunden.

Soziale Gruppen sind eine bedeutende Ressource für Netzwerke, aber: Nicht alle Netzwerke bilden auch soziale Gruppen ab. In ihnen fehlen meist starke Bindungen, die eine soziale Gruppe charakterisieren, wie gemeinsame Erlebnisse, Erfahrungen, Erwartungen, Zusammengehörigkeitsgefühl, Vertrautheit etc. Personen in einer U-Bahn oder Passanten auf dem Kurfürstendamm sind demnach keine soziale Gruppe.

Erst wenn sich Interaktionen einstellen, sich Normen des Verhaltens bilden und sich ein Wir-Gefühl einstellt, orientieren wir uns an den anderen Personen der sozialen Gruppe und reagieren auf sie. Handeln hat eine dialogische Struktur: Es ist ein Geben und Nehmen, ein Fragen und Antworten. So kommt es zu situationsspezifischen Handlungen, weil sich der Akteur an der Gruppe ausrichtet (er folgt den Erwartungen, von denen er glaubt, dass die anderen Gruppenmitglieder sie an ihn haben), um seinem Bedürfnis nach sozialer Anerkennung nachzukommen. Nicht selten, dass ein Akteur in einer Gruppe eine Handlung vollzieht – oder eine Meinung vertritt –, die für ihn als Einzelnen undenkbar gewesen wäre. Kurz: Handeln wir in Gruppen, dann nur selten in der Art und Weise, wie wir es tun würden, wenn wir allein wären.

So werden kollektiv Entscheidungen getroffen, die riskant und falsch sein können, nur weil in diesem Moment die Gruppensolidarität stärker ist. Eines der bekanntesten Beispiele einer solchen gemeinsam getroffenen Fehlentscheidung ist die Invasion in der Schweinebucht. US-Präsident John F. Kennedy und seine politischen Berater beschlossen 1961, 1400 von der CIA geschulte Exilkubaner auf die Insel zu schicken, um Fidel Castros kommunistisches Regime zu stürzen. Die Invasion stellte sich als strategische Fehlentscheidung heraus, denn Kennedy und sein Team ignorierten Widersprüche in den vorhandenen Informationen und versäumten es, rechtzeitig von ihrem Plan abzulassen. Der Wunsch nach Zusammenhalt und Einigkeit innerhalb der Gruppe machte sie blind. Dieses verbreitete Phänomen wird »Gruppendenken« genannt und ist für zahllose Fehlentscheidungen zum Beispiel von

Parteiführungen und Unternehmensvorständen verantwortlich.

Nicht nur der Wunsch nach Harmonie kann innerhalb persönlicher Beziehungen zu Fehlern führen, auch das Prinzip der Gegenseitigkeit sorgt dafür, dass wir Dinge gegen unsere Überzeugungen tun, weil wir gemocht werden wollen. So antwortet man doch auf einen Brief, obwohl man an einer Freundschaft überhaupt nicht interessiert ist, spricht eine Gegeneinladung zum Abendessen aus, obwohl das gemeinsame Dinner nicht berauschend war, oder man beschenkt zurück, obwohl das erhaltene Geschenk schnurstracks in den Keller gewandert ist.

Dass allerdings eine Person nur eine bestimmte Anzahl von persönlichen und intensiven Kontakten haben kann, zeigt die Dunbar-Zahl. Der Evolutionsbiologe Robin Dunbar stellte fest, dass menschliche Gruppengrößen erstaunlich konstante Zahlen aufweisen. Er kristallisierte als kleinste soziale Einheit die Kerngruppe von drei bis fünf Personen heraus, gefolgt von einer Gruppe mittlerer Größe von circa 15 Personen. Unter 15 Personen sollen die wechselseitigen Beziehungen am besten gelingen. Im Umfang einer Gruppe von etwa 50 Personen sieht Dunbar etwa verwandtschaftliche Beziehungen repräsentiert. Die wirksamste Größe für die Verfolgung kollektiver Ziele umfasst für ihn um die 150 Individuen, da solche Gemeinschaften noch ohne formale Hierarchien und Regeln funktionieren können. Die Gruppe bleibt überschaubar, und wenn nötig, kann jedes Gruppenmitglied mit jedem anderen jederzeit in Kontakt treten. Bei Gruppen von mehr als 150 Mitgliedern, so Dunbar, sei es schwierig, sich ohne Formalisierung und Spezialisierung auszutauschen, und es werden externe Instanzen notwendig (Dunbar 1993). Strikt hierarchisch geregelte Gruppen wie etwa ein Bataillon in einer Armee umfassen 500 Personen. Die nach Dunbar-Zahlen strukturierten Gruppen vergrößern sich jeweils um den Faktor 3, und es ist erstaunlich, dass die jeweiligen Gruppengrößen zu allen Zeiten und in allen Kulturen immer wieder auftreten. Offenbar handelt es sich dabei um eine basale soziale Ordnungsmatrix. Robin Dunbar geht in seiner »social brain hypothesis« sogar davon aus, dass das menschliche Gehirn darauf ausgelegt ist, bis zu 150 soziale Beziehungen gleichzeitig »online« zu haben und die damit verbundenen Interaktionen zu managen. Aus dieser Perspektive wird allerdings erklärlich, wieso transnationale Klimakonferenzen mit bis zu 20000 Teilnehmern scheitern müssen – sie weisen eine dysfunktionale soziale Organisationsform auf, werden aber trotz kompletter Ergebnislosigkeit immer wieder durchgeführt.

## Genug für alle?

In einem unbekannten Land besitzen nur wenige Menschen einen Garten mit Rosen, und viele haben keinen Garten und keine Rosen. Das Unbehagen gegen diese Ungleichheit wächst und führt letztlich zu einer Sozialisierung der Rosenzucht. Doch als immer mehr Menschen immer mehr Rosen haben, wird man der Rosen überdrüssig (vgl. Jäckel 2010: 24f.). Diese Episode schildert Georg Simmel Anfang des 20. Jahrhunderts, sie trifft aber auch auf gegenwärtige Praktiken der Distinktion zu, wie die »feinen Unterschiede« der sozialen Milieus in

Einkommen und Vermögen, Bildung etc. (Pierre Bourdieu). Soziale Ausgrenzung erfolgt eben nicht nur dadurch, dass Menschen direkt ausgeschlossen werden, sondern auch dadurch, dass Einzelne sich in bestimmten Aspekten von der breiten Gesellschaft zurückziehen bzw. abgrenzen wollen wie in unserem Beispiel durch die Rosenzucht. Und: Soziale Ausgrenzung umfasst weit mehr als Armut. Ausschluss von materiellen Ressourcen (von Dingen und Artefakten, z. B. der Besitz eines Bugatti Veyron), Ausgrenzung vom Arbeitsmarkt (eine Person, die im höheren Alter arbeitslos wird), Ausschluss von Dienstleistungen (eine Person, die keine goldene American-Express-Karte erhält) und Ausschluss von sozialen Beziehungen (eine Person, die einen schlechten Ruf hat, will man nicht auf seiner Geburtstagsfeier sehen).

Das Rosen-Paradox hat aber zudem mit dem Knappheitsirrtum zu tun: Als nur wenige Menschen Rosen züchteten, waren Rosen rar. Dem Seltenen wird ein höherer Wert zugeschrieben als dem, was immer und überall verfügbar ist. Je mehr es von einer Sache gibt, umso wertloser ist es auch für die Distinktion. Der Wert liegt nicht in der Qualität des Gegenstandes, sondern im aktiven Begehren und in der Distanz, durch die sich der Gegenstand dem unmittelbaren Genuss entzieht (Simmel 1989: 77). Auch im nächsten Beispiel geht es um ein knappes Gut: um eine begrenzte Anzahl von Sonnenliegen an Deck eines Kreuzfahrtschiffes.

## Prozesse der Machtbildung

Der Soziologe Heinrich Popitz erzählt die Geschichte von einem Schiff im Mittelmeer, auf dem sich die Passagiere um wenige Sonnenliegen an Deck einigen müssen. Es gibt nur für ein Drittel der Passagiere Liegen. Nachdem das Schiff in See gestochen ist, gilt noch das Prinzip: Wer von einer Liege aufsteht, gibt sie dem Nächsten frei. Als jedoch auf der Route des Schiffes an anderen Häfen weitere Passagiere hinzukamen, brach diese Ordnung zusammen. Die Neuen erhoben nun dauerhaften Besitzanspruch durch das Liegenlassen der Handtücher, passten gegenseitig auf die Liegen auf und errichteten sogar »Wagenburgen«: »Zwei Klassen hatten sich etabliert, Besitzende und Nichtbesitzende, positiv und negativ Privilegierte« (Popitz 1992: 187 ff.). Die Besitzenden waren eine zahlenmäßig sogar überlegene Gruppe und konnten den Organisationsvorteil eines gemeinsamen Interesses und einer sich daraus ergebenden Kooperation nutzen; diesem Vorteil stehen die anderen Passagiere als Vereinzelte gegenüber, die auch gern einen Liegestuhl hätten, aber keinerlei Macht haben, dieses Interesse durchzusetzen. Das addierte Einzelinteresse ergibt keinen Organisationsvorteil – zumal die Besitzlosen auch kein kooperatives Modell anzubieten haben, das dem der Besitzenden überlegen wäre.

## Commons

Das rationale Verhalten, den eigenen Vorteil auszubauen und den persönlichen Gewinn zu maximieren, betrifft auch das Thema der Gemeingüter, auch Allmende genannt. Seit den

1980er Jahren entwirft der amerikanische Ökonom und Mitverfasser von »The Limits to Growth« (1972), Dennis L. Meadows, Gesellschaftsspiele, die den verantwortungsvollen Umgang mit natürlichen Ressourcen einüben und trainieren. Das erfolgreichste Spiel ist *Fish Banks. Ltd.*, weil es eindringlich den Zusammenhang von Ökologie, Ökonomie und Sozialem verständlich macht: Die Spieler betreiben eine Fischerei, die durch Fischfang auf den Weltmeeren eine erneuerbare Ressource verwertet. Weil die Fischbestände sinken, erleben die Fischer-Spieler die Konsequenzen ihres eigenen Handelns, und sie müssen lernen – trotz Gewinnmaximierung und Konkurrenzdenken –, Konzepte der Nachhaltigkeit in das eigene Unternehmen zu implementieren, damit die Fische, und somit auch ihre eigenen Lebensgrundlagen, nicht irgendwann verschwunden sind. Die Übernutzung der Allmende durch individuelle Übernutzung ist deren Tragik und ein soziales Dilemma: Der Nutzen ist individualisiert, der Schaden jedoch sozialisiert.

Vor dem Hintergrund dieser und anderer Beispiele, die in der *zweiten storyline* auf sehr unterschiedliche und unterhaltsame Weise dargestellt werden können, verlieren Kategorien wie Ursachen und Wirkungen, Bedingungen und Folgen, Strukturen und Funktionen etwas von dem Glanz, den sie im Alltagsbewusstsein (und in soziologischen und philosophischen Theorien) haben, und »schmutzige« Kategorien wie Zufall und Gefühle drängen sich nach vorn. Zufälle, die zum Beispiel zu Unfällen wie in Tschernobyl und Fukushima führten, können tiefere und nachhaltigere Folgen hervorrufen als planvolles Handeln; gefühlte Wirklichkeiten sind für Entscheidungen wichtiger als objektive. Soziale Praktiken wie Macht- und Gewaltgebrauch, Handlungsmodi wie Rationalisierungen, Dissonanzreduktionen und der Wunsch, in Überstimmung mit Anderen zu denken und zu handeln, sind keine randständigen Bedingungen sozialen Handelns, sondern konstitutive.

Wenn man die menschlichen Möglichkeiten verstehen will, gehört das Universum der falschen Annahmen und Gründe unmittelbar dazu. Auch wenn Menschen falschen Annahmen folgen, schaffen die daraus folgenden Entscheidungen Wirklichkeit. Wenn man in der historischen Rückschau immer nur kopfschüttelnd fragt: »Wie konnten sie nur?«, und sich darüber empört, dass es Sklaverei, Folter, Völkermord, Missbrauch gab und gibt, hat man noch nicht verstanden, warum es sie gab und gibt. Und auch nichts davon, wie man an ihrer Abschaffung arbeiten konnte und kann. Man hat nicht zu erklären, sondern nur zu bewerten gelernt. Das heißt: Man ist lediglich bei sich selbst geblieben und dem unablässigen Wundern darüber, was Menschen zu anderen Zeiten und in anderen Kulturen für unverständliche, unmoralische und unwiederholbare Dinge getan haben.

## *Storyline 3:* Die Geschichte und die Zukunft der menschlichen Möglichkeiten

Jeder Mensch steht in einer Entscheidungssituation in einer gegebenen Gegenwart vor einer Reihe von Möglichkeiten, aus denen er dann eine einzige auswählt. Diese Wahl ist nicht nur die Ausgangsbedingung für alles, was danach geschieht, sondern schließt auch alle anderen Möglichkeiten aus – sie werden nie zu dem, was Historiker hinterher »Geschichte« nennen. Aber diese hätte auch ganz anders verlaufen können – Zwangsläufigkeiten in den kausalen Ketten und sozialen Prozessen, die die Realgeschichte gemacht haben, sind Rückprojektionen aus dem Wissen heraus, wie das Ende des Prozesses aussah. Wie also, wenn die Wiener Kunstakademie Hitler aufgenommen hätte, wie, wenn Georg Elsers Attentat erfolgreich gewesen wäre? Fragen solcher Art kontrafaktischer Geschichtserzählung bilden nicht nur den Anlass für interessante literarische und filmische »Was wäre wenn gewesen«-Fiktionen (wie zum Beispiel »Geschichte machen« von Stephen Fry oder »Vaterland« von Robert Harris), sondern können auch als Heuristik der *dritten storyline* des *Hauses der menschlichen Möglichkeiten* dienen. Hier kann nämlich exemplarisch am Beispiel der Entwicklung der nationalsozialistischen Ausgrenzungsgesellschaft und des Holocaust gezeigt werden, dass und wie soziale Entwicklungen und Entscheidungsrichtungen sich verstetigen, und zwar nicht im Modus des Top-down-Regierens eines omnipotenten Regimes, sondern als ein Prozess, in dem dessen Entscheidungen von den Gesellschaftsmitgliedern angeeignet und mit Eigensinn umgesetzt werden. In diesem Interaktionsprozess verändern sich die Positionen von Tätern, Opfern und unterschiedlich Beteiligten fortlaufend, und dabei verschieben sich die normativen Perspektiven – das also, was die Angehörigen der Mehrheitsgesellschaft für gerecht, legitim und selbstverständlich halten. In dieser *storyline* können mithin alle Themen aufgenommen werden, die in den ersten beiden Abschnitten dieses Buches angesprochen wurden. Die konkrete Umsetzung in Ausstellungsdesigns ist wie bei den ersten beiden *storylines* Sache der künftigen kuratorischen und szenografischen Ausgestaltung des *Hauses der menschlichen Möglichkeiten* – aber wenn man beim Themenschwerpunkt »Nationalsozialistische Ausgrenzungsgesellschaft und Holocaust« bleibt, bieten sich eine Reihe von Kombinationen der Darstellung historischer Prozesse mit wissenschaftlichen Experimenten und Theorien an.

## Referenzrahmen

In neueren Arbeiten zur Täterforschung wird mit der Referenzrahmenanalyse gearbeitet – der Analyse dessen, was die Optiken und Deutungsmuster historischer Akteure waren. Das geht auf die einfache Überlegung zurück, dass man die Deutungen und Handlungen von Menschen nicht verstehen kann, wenn man nicht rekonstruiert, was sie »gesehen« haben – innerhalb welcher Raster, Vorstellungen, Beziehungen sie Situationen wahrgenommen und wie sie diese Wahrnehmungen interpretiert haben. Ohne die Berücksichtigung des Referenzrahmens müssen wissenschaftliche Analysen vergangener Handlungen zwangsläufig normativ ausfallen, weil als Grundlage des Verstehensprozesses die normativen Maßstäbe der jeweiligen Gegenwart herangezogen werden. Deshalb erscheinen historische Geschehnisse im Zusammenhang von Krieg und Gewalt oft als »grausam«, obwohl Grausamkeit ganz und gar keine analytische Kategorie ist, sondern eine moralische. Und deshalb erscheint das Verhalten von Menschen, die Gewalt ausüben, oft schon von vornherein als anormal oder pathologisch, obwohl es – wenn man die Welt aus ihrer Sicht rekonstruiert – plausibel und nachvollziehbar ist, dass sie Gewalt ausüben.

Vor diesem Hintergrund kann man an Beispielen extremen Gewalthandelns – wie etwa im Kontext von Massenerschießungen – deutlich machen, dass hier nicht einfach willige Vollstrecker blind Befehlen folgen, sondern dass auch Vernichtungstäter bemüht sind, ihrem eigenen Tun einen Sinn beizumessen, der ihr Handeln mit ihrem moralischen Selbstbild in Einklang bringt. Hier lässt sich etwa mit Dramatisierungen von Selbstdarstellungen aus Ermittlungen arbeiten, mit historischen Filmsequenzen zu Rechtfertigungen, mit der Kontrastierung unterschiedlicher Perspektiven auf denselben Sachverhalt, so wie es zum Beispiel Raul Hilberg in »Täter, Opfer, Zuschauer« (Hilberg 1996) exemplarisch gezeigt hat.

Referenzrahmen sind natürlich nicht nur im Kontext von Gewaltprozessen wirksam: Moderne Gesellschaften setzen in der Fülle ihrer Funktionsbereiche, Rollenanforderungen und komplexen Situationen eine beständige Interpretationsarbeit ihrer Mitglieder voraus: Was geht hier vor? Welche Erwartung habe ich zu erfüllen? Das meiste davon wird einem nie bewusst, weil der größte Teil dieser beständigen Orientierungsarbeit von Routinen, Gewohnheiten, Skripts und Regeln übernommen wird, also gleichsam automatisch abläuft. Aber im Fall von Funktionsstörungen, kleinen Unfällen, Täuschungen oder Irrtümern wird einem bewusst, dass nun explizit erforderlich ist, was man sonst implizit andauernd macht: nämlich deuten, was gerade geschieht.

Der Sozialpsychologe Erving Goffman hat in Anlehnung an seine Kollegen Gregory Bateson und Alfred Schütz eine Fülle solcher Rahmen und ihrer Eigenschaften beschrieben und dabei herausgearbeitet, in welch umfassender Weise diese Rahmen nicht nur unsere Alltagswahrnehmungen und -orientierungen organisieren, sondern wie sie auch – je nach Kontextwissen und Beobachterstandpunkt – höchst unterschiedliche Deutungen vorgeben. Für einen Betrüger etwa ist der Rahmen seiner Handlung ein »Täuschungsmanöver«, für den Betrogenen geht das vor sich, was vorgetäuscht wird (Goffman 1980: 99). Oder wie der polnische Journalist Kazimierz Sakowicz für den Kontext des Vernichtungskrieges notierte: »Für die Deutschen bedeuten 300 Juden 300 Feinde der Menschheit, für die Litauer sind es 300 Paar Schuhe, 300 Hosen usw.« (Margolis/Tobias 2005: 53).

Referenzrahmen sind historisch und kulturell höchst variabel: Orthodoxe Muslime ordnen sittliches und verwerfliches Sexualverhalten in andere Referenzrahmen als weltliche Bewohner des Abendlandes, aber kein Mitglied einer der beiden Gruppen deutet, was er sieht, frei von Referenzen, die nicht er selbst gewählt und ausgesucht hat, sondern die seine Wahrnehmungen und Interpretationen prägen, anleiten und in beträchtlichem Ausmaß steuern. Referenzrahmen gewährleisten Handlungsökonomie: Das allermeiste, was geschieht, lässt sich in eine bekannte Matrix einordnen, was entlastend wirkt. Kein Handelnder muss immer wieder bei null ansetzen und stets aufs Neue die Frage beantworten: Was geht hier eigentlich vor? Der allergrößte Teil der Antworten auf diese Frage ist voreingestellt und abrufbar – ausgelagert in einen kulturellen Orientierungs- und Wissensbestand, der weite Teile der Aufgaben im Leben in Routinen, Gewohnheiten, Gewissheiten auflöst und den Einzelnen kolossal entlastet. Das sorgt aber andererseits dafür, dass gravierende gesellschaftliche Veränderungsprozesse von den Beteiligten selbst als solche nicht erkannt werden – denn die Grundbedingungen des alltäglichen Funktionierens von Infrastrukturen, sozialen Beziehungen, Verkehrsformen etc. verändern sich ja nicht durch einen Regimewechsel oder durch andere Ereignisse, die in der historischen Rückschau als Ursache von Epochenwenden identifiziert werden.

In diesem Kontext zu verwendende Ausstellungselemente wären etwa: Filme, Fotos, Zeugenaussagen, Rekonstruktionen von Gewalteskalationen und Tatortbilder – kurz: Materialien, die ein Nachvollziehen der Perspektive historischer Akteure erlauben.

## Autonomie und Konformität

Ein anderes Thema in der *dritten storyline* ist das Verhältnis von Konformität und Autonomie. Gerade in der Darstellung historischer Gewaltprozesse wie den Massenerschießungen von Juden oder dem Töten in den Vernichtungslagern wird das Täterhandeln oft auf Konformismus zurückgeführt – Begriffe wie »Scherge«, »Vollstrecker«, »Mitläufer« usw. beziehen sich nicht nur darauf, dass Personen hier Zwecken folgen, die sie nicht selbst – autonom – bestimmt haben, sondern dass sie das insbesondere deswegen getan haben, weil Konformität zu ihrer Persönlichkeitsausstattung zählt. Verwandte Vorstellungen kommen dann ins Spiel, wenn vom »autoritären Charakter« die Rede ist – auch hier geht der Versuch dahin, die Ausübung von Gewalt im Kontext von Gesellschaftsverbrechen auf bestimmte Persönlichkeitseigenschaften zurückzuführen (was zugleich heißt, Träger anderer Eigenschaften aus dem potenziellen Täterkreis auszuschließen). Hier könnte man Darstellungen von »Hollywood-Nazis«, die dem »Schergen«-Stereotyp folgen, mit Biografien zum Beispiel von Otto Ohlendorf kontrastieren, der hoch gebildet und kultiviert und gleichzeitig eine der zentralen Figuren der sogenannten Einsatzgruppenmorde war.

Wenn, wie in *storyline 1* ausgeführt, die menschliche Gehirnentwicklung auf Kooperation ausgelegt ist und die Koordination der Wahrnehmung, Deutungen und Handlungen vieler Einzelner das zentrale Handlungsformat der menschlichen Lebensform ist, dann hat Konformität keinen Erklärungswert für gegenmenschliches Handeln. Im Gegenteil ist Konformität eine Voraussetzung für gelingendes Zusammenleben und für das Erreichen gemeinsamer Ziele. Aus der Perspektive einer Gruppe oder einer Gesellschaft muss es als äußerst wünschenswert erscheinen, dass eine ihr zugehörige Person sich in vielerlei Hinsicht konform verhält. Konformität ist keine erzwungene Anpassungsleistung – paradoxerweise nimmt das

Ausmaß an erforderlicher Konformität mit der fortschreitenden Entwicklung moderner Gesellschaften sogar zu, weil die Synchronisierungsanforderungen in zeitlicher, arbeitsteiliger und kommunikativer Hinsicht immer zwingender werden. Eine vormoderne, weitgehend immobile und statische Gesellschaft erfordert nicht Konformität, sondern allenfalls Zwang zum Gehorsam; sie basiert nicht auf Zustimmung, sondern auf Tradition und Gewalt.

Aber nicht nur für die Gruppe oder die Gesellschaft ist es vorteilhaft, wenn ihre Mitglieder souverän dechiffrieren können, wann autonomes und wann konformes Verhalten als angemessen erscheint. Auch die einzelne Person gewinnt in ihrer Orientierung an dem, was die anderen tun, ein enormes Maß an Deutungs- und Entscheidungssicherheit. Wenn man etwa mit einer ungewöhnlichen und unerwarteten Situation wie einem Unfall oder einer Schlägerei konfrontiert ist, ist oft ganz unklar, was jetzt ein richtiges, der Situation angemessenes Verhalten wäre – intervenieren oder weitergehen, helfen oder zuschauen. Die einzige Orientierung liefert dann die Beobachtung des Verhaltens der Anderen.

Wie die Bystander-Forschung gezeigt hat, neigen die Menschen, die in Gruppensituationen das Unglück anderer wahrnehmen, dazu, nicht einzugreifen, während sie das in Alleinsituationen meist tun. Warum? Weil sie in einer durch Orientierungsdefizite gekennzeichneten Situation die Anderen als Informationsquelle dafür nutzen, wie man sich verhalten sollte – und da das alle machen, bleiben auch alle stehen. Die Menge der in einer Situation verfügbaren Informationen steigt mit der Anzahl der anwesenden Personen, die durch ihr

Tsunami auf den Andaman Islands 2004: Der Junge mit dem »Diesel-T-Shirt« orientiert sich am Verhalten des Surfers.

Verhalten zur Definition einer Situation beitragen – insofern ist es höchst funktional, sich der mehrheitlichen Auffassung anzuschließen. Selbst im Rahmen von Konformitätsexperi-

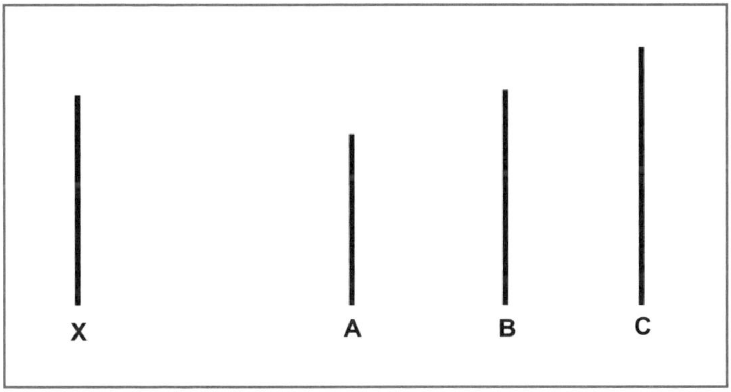


Die Versuchspersonen sollten angeben, welche der Linien A, B oder C in der Länge der Linie X entspricht.

menten, in dem die richtige Antwort eigentlich klar ist, zeigt sich die tief verankerte Neigung, das Verhalten anderer Anwesender als Informationsquelle für das Treffen einer Entscheidung zu nutzen.

Offenbar ist unsere Orientierung an Gruppen- und Mehrheitsmeinungen also erheblich mehr als eine bloße Anpassungsleistung, die man je nach Geschmack als praktisch oder als unangenehm empfinden kann. Sie ist wahrscheinlich eine sehr tief verankerte basale Determinante menschlicher Orientierungsleistungen. Eine Versuchsperson hat das im Nachgespräch sehr klar formuliert: »Ich *glaubte, Recht zu haben*; aber mein *Verstand* sagte mir, dass ich nicht Recht haben konnte. Denn ich konnte nicht glauben, dass so viele andere sich irren können und ich allein Recht hatte.«

Von den Konformitätsexperimenten von Muzafer Sherif aus den 1930er und Solomon Asch aus den 1950er Jahren über die Gehorsamkeitsexperimente Stanley Milgrams bis hin zu den neueren Forschungen der Verhaltensökonomik – immer wieder wird festgestellt, dass auch moderne Menschen im Zweifel die Mehrheitsauffassung der eigenen vorziehen. Die Zeitgeschichts- und Massengewaltforschung weist seit den Arbeiten Raul Hilbergs mit monotoner Ausnahmslosigkeit nach, dass selbst Aufforderungen zum Töten mehrheitlich immer gefolgt wird – ganz unabhängig von Beruf, Geschlecht, sozialem Status, Bildungsniveau oder Konfession der Aufgeforderten. Die Militärsoziologie identifiziert vor aller weltanschaulicher Orientierung oder persönlicher Überzeugung die Gruppe als die entscheidende soziale Einheit, die das Handeln einzelner Soldaten bestimmt, und die Marketing- und Werbefachleute spekulieren äußerst erfolgreich auf die Aktivierung von Status- und Zugehörigkeitsbedürfnissen, und zwar ganz unabhängig davon, ob es bei den erzeugten Bedürfnissen um die Wahl eines Stücks Seife oder einer Bundeskanzlerin geht. Kurz: So ziemlich alles auf der Benutzeroberfläche moderner, demokratischer Gesellschaften läuft nach Kriterien der Konformität und eben nicht der Autonomie ab; gleichwohl kommt der Autonomie bzw. dem Nonkonformismus erheblich mehr Hochschätzung zu.

Bei dieser Hochschätzung von Autonomie handelt es sich vermutlich um ein folgenreiches Selbstmissverständnis moderner Subjektauffassungen, das auf eine nunmehr über einige Generationen verlaufende Geschichte von Individualisierungsschüben zurückgeht. Autonomie ist als Ideal auf das Engste mit einer sich verstetigenden liberalen Wirtschafts- und Gesellschaftsform verknüpft, das ein formal freies Wirtschaftssubjekt unterstellt und unterstellen muss.

In diesem Bereich kann man mit nachgestellten Konformitätsexperimenten, Filmen, Fotos, Zitaten aus Zeugenberichten, Interviewausschnitten etc. arbeiten.

## Shifting Baselines

Geschichte wird im Rahmen gleitender Referenzlinien wahrgenommen, weshalb sie ein für die Wahrnehmung *langsamer* Prozess ist, der erst durch Begriffe wie etwa »Zivilisations*bruch*« nachträglich auf ein abruptes Ereignis verdichtet wird – dann nämlich, wenn man weiß, dass eine Entwicklung radikale Konsequenzen gehabt hat. Umgekehrt verfügt man als Zeitgenosse von Ereignissen nicht über das Wissen eines künftigen Betrachters dessen, was heute Gegenwart und morgen Geschichte ist. Die paradoxe Aufgabe wäre also, auszuloten, was unter gegenwärtigen Bedingungen nicht sichtbar ist, aber gleichwohl die Zukunft bestimmt. Eine solche Zukunftsheuristik muss auf die von Historikern geliebte Suche nach *starting points* verzichten. Kausalität ist keine Kategorie sozialer Beziehungen, und innerhalb von sozialen Verflechtungszusammenhängen kann es markante Spannungen und verdichtete Veränderungsprozesse geben, aber nicht so etwas wie den entscheidenden Anlass, auf den alles Weitere zurückzuführen ist.

Ein sozialer Prozess wie der Holocaust drängt aus seiner eigenen Dynamik heraus auf Ergebnisse und Lösungen, mit denen niemand gerechnet hatte. Er beginnt nicht mit der Installierung der ersten Gaskammer in Auschwitz. Soziale Katastrophen beginnen dort, wo falsche Entscheidungs*richtungen* eingeschlagen werden – also unter anderem dort, wo wissenschaftlich begründete Annahmen über die Ungleichheit von Menschen in Deutschland den Rang von Gesetzen und Verordnungen erhalten. Aber wie bewusst konnte das zu diesem Zeitpunkt noch gar nicht gedachte Verhängnis der Juden in einer Gegenwart werden, als noch niemand an die am Ende tödlichen Konsequenzen dachte, schon gar nicht an die Erfindung von Menschenvernichtungsanlagen?

*Shifting Baselines* nennen Umweltpsychologen das faszinierende Phänomen, dass Menschen immer jenen Zustand ihrer Umwelt für den »natürlichen« halten, der mit ihrer Lebens- und Erfahrungszeit zusammenfällt. Veränderungen der sozialen und physischen Umwelt werden nicht absolut wahrgenommen, sondern immer nur relativ zum eigenen Beobachterstandpunkt. Deshalb haben die in einer jeweiligen Gegenwart lebenden Generationen allenfalls vage oder abstrakte Vorstellungen darüber, dass nicht nur die bebaute und mit Infrastrukturen versehene Lebenswelt ihrer Vorgängergenerationen eine andere geworden ist, sondern auch die, die als »natürliche Umwelt« aufgefasst wird – dass zum Beispiel Au- und Heidelandschaften Produkte lange zurückliegender Abholzungen sind und Erosionsprobleme in Mitteleuropa schon seit den massiven Rodungen des Hochmittelalters bekannt sind (Radkau 2002: 164 ff.).

Aber man muss die Zeiträume, in denen Veränderungen *nicht* bemerkt werden, gar nicht so weit stecken – in der Regel genügt der Übergang von einer Generation zur nächsten, um massive Veränderungen der Umweltwahrnehmung zu finden. So hat eine Gruppe von Ökologinnen und Ökologen vor einigen

Jahren untersucht, wie kalifornische Fischer Veränderungen in ihren Fischbeständen und Fanggründen im Generationenvergleich wahrnehmen. Das ist die bislang einzige empirische Untersuchung über sich verändernde Wahrnehmungen der Umwelt, und ihre Ergebnisse sind verblüffend. Die Forscher haben drei Generation von Fischern danach gefragt, wo aus ihrer Sicht welche Bestände zurückgegangen seien, welche Arten ihnen hauptsächlich ins Netz gegangen sind, was der größte Fang und wie groß der mächtigste Fisch war, den sie je an Bord gezogen haben. Die jüngste Befragtengruppe war zwischen 15 und 30 Jahre alt, die mittlere 31 bis 54 Jahre, die dritte entsprechend älter als 54 Jahre (Sáenz-Arroyo u. a. 2005). Zwar sagten 84 Prozent der Befragten, dass es einen Rückgang der Bestände insgesamt gebe, aber die Annahmen darüber, welche Fische wo nicht mehr vorkämen, fielen sehr unterschiedlich aus. So nannten die Fischer der ältesten Gruppe elf Arten, die verschwunden waren, die der mittleren Gruppe sieben, aber die Jüngsten nannten lediglich zwei Fischarten, die in ihren Fanggründen nicht mehr vorkämen (ebd.: 1959).

Die Autorinnen und Autoren der Studie fassen zusammen, dass diese rapiden Veränderungen in der Wahrnehmung der Umwelt erklären, warum die meisten Menschen den Rückgang der Artenvielfalt ziemlich gelassen sehen: In ihrer eigenen Wahrnehmung nämlich verändert sich wenig, weil sie das Schwinden der Vielfalt von einem gleitenden Referenzpunkt aus betrachten.* Dieser Befund ist für Ökologen

* Veränderungen in Umweltwahrnehmungen werden übrigens auch dann sichtbar, wenn Symbole gedeutet werden. Die kalifornische Flagge zeigt

natürlich deprimierend, weil das zugleich bedeutet, dass ein Handlungsbedarf zum Schutz von Beständen, der aus Sicht der Wissenschaft dringend erforderlich scheint, in der Alltagswahrnehmung erst mühsam vermittelt werden muss.

Sozialpsychologisch liefert die Studie ein ausgezeichnetes Beispiel dafür, dass sich die Einschätzungen von Menschen mit der Veränderung ihrer Umwelten gleitend selbst verändern – das ist wie mit zwei Zügen, die auf parallelen Gleisen fahren und relativ zueinander still zu stehen scheinen. *Shifting Baselines* haben natürlich Folgen dafür, wie man Bedrohungen und Verluste wahrnimmt und bewertet, dafür also, was man für *normal* hält und was nicht.

*Shifting Baselines* betreffen keineswegs nur die Sphäre des Biologischen, sie lassen sich vielleicht sogar noch besser im Rahmen sozialer Prozesse beschreiben. Wenn man sich etwa daran erinnert, welche Woge der Empörung Anfang der 1980er Jahre die Absicht der amtierenden Bundesregierung auslöste, eine Volkszählung durchzuführen, und die damaligen Debatten um den »totalen Überwachungsstaat« und den »gläsernen Bürger« mit der Sorglosigkeit vergleicht, mit der heute Kreditkarten, Mobiltelefone, Internetanschlüsse etc. benutzt werden, hat man ein wunderbares Beispiel für eine *Shifting Baseline* im Bereich des Sozialen. Jeder Benutzer solcher Techniken hinterlässt elektronische Spuren seines Handelns, die jederzeit rekonstruierbar sind, und der Begriff des intimen

---

etwa einen Bären nicht deshalb, weil das dort so ein seltenes Tier ist, sondern weil es mal so viele davon gab; Analoges gilt für den deutschen Bundesadler.

Shifting Baselines: Die Einschätzungen von Menschen (hier Fischbestände aus der Sicht von drei Generationen) ändern sich mit dem Wandel ihrer Umwelten.

Persönlichkeitsbereiches hat sich dadurch völlig verändert. Aber kaum jemand scheint sich dadurch in seinen Persönlichkeitsrechten eingeschränkt oder gar »gläsern« zu empfinden, und dies ist wahrscheinlich gerade deshalb so, weil es sich hier nicht um eine absichtsvolle Erhöhung von Transparenz handelte, sondern um einen Kollateraleffekt technischer Innovationen, bei denen Kategorien wie informationelle Selbstbestimmung, Datenschutz oder Persönlichkeitsrecht aus der Nutzerperspektive zunächst keine Rolle zu spielen scheinen. Die Technik erhöht die kommunikativen Möglichkeiten, die aber zugleich zu erheblichen normativen Veränderungen führen, was aber wegen des gleitenden Referenzpunktes nicht weiter auffällt.

*Shifting Baselines* lassen sich auch in Bezug auf Normen und Überzeugungen verzeichnen. Der Holocaust muss als ein *Prozess* betrachtet werden, der zu einem unbestimmten Zeitpunkt begann und mit der Befreiung der Lager im Frühjahr 1945 zu Ende ging. Während dieses Prozesses verschoben sich die normativen Referenzpunkte; »gut« wird, sich ausgrenzend zu verhalten, »böse«, nämlich »gemeinschaftsfremd«, sich prosozial gegenüber den Auszugrenzenden zu verhalten.

Ausstellungselemente könnten hier sein: Module zur Versteigerung von Gegenständen aus dem Besitz von »Ausgereisten« und Deportierten, Zeugenaussagen, Experimente zur Herstellung von Gruppenzugehörigkeiten, Mobiltelefone der ersten und aktueller Generationen etc.

## Gewalt

Gewalt ist sozial und historisch spezifisch, und zwar qualitativ wie quantitativ. Auch wenn bei der Erzeugung von Tötungsbereitschaft in unterschiedlichen Gesellschaften analoge Mittel eingesetzt und analoge Bedürfnisse freigesetzt werden können, unterscheiden sich die Massenmorde von Kiew oder Auschwitz von denen, die in Bosnien oder Ruanda stattgefunden haben. Und sie unterscheiden sich im Übrigen von anderen Formen der Gewalt, und zwar nicht nur gegenüber der in Friedenszeiten ausgeübten, sondern auch gegenüber der, die im Rahmen kriegerischer Konflikte ansonsten angewendet wird. Nicht jeder Krieg bringt Genozide, ethnische Säuberungen, systematische Massenmorde hervor – nicht jeder geöffnete Handlungsraum zum erweiterten Anwenden von Gewalt eskaliert in Massenmord. Hier würde eine Ausstellung mit der Kontrastierung unterschiedlicher Formen von Gewaltpraxis arbeiten – und zwar in historischer Perspektive (»von der Keule zur Drohne«) wie in zeitgenössischer (von der häuslichen bis zur staatlichen Gewalt). Dabei kann dargestellt werden, dass sich Gewalt (etwa durch das staatliche Gewaltmonopol) zivilisieren lässt und keineswegs einfach eine historische Konstante ist.

Obwohl Gewalt selbst Dynamiken freisetzt und Wirklichkeiten schafft, setzt sie doch nicht *an sich* ein bestimmtes Maß an Dynamik frei und schafft auch nicht dieselben Wirklichkeiten – was ja der Fall sein müsste, wenn wir es tatsächlich mit einem Vorgang zu tun hätten, an dessen Urgrund eine anthropologische Erklärung läge. Die Anthropologie des *homo sapiens* besteht darin, dass er sich von seinen anthropologischen Bedingungen emanzipieren konnte und in der Lage war, sich Entwicklungsumgebungen zu schaffen, die vor allem sozial und kulturell bestimmt sind.

## Helfen und anderes prosoziales Verhalten

Wenn man Motive für Täterverhalten auf der einen Seite und Helfer- und Retterverhalten auf der anderen Seite sucht, verfällt man allzu leicht dem Irrtum, diese Motive in der Biografie und in der Persönlichkeitsstruktur der Betreffenden zu suchen – so als gäbe es eben Menschen, die vor dem Absturz in die Gegenmenschlichkeit gefeit, und andere, die dafür prädestiniert sind. Sicherlich gibt es bessere und schlechtere Menschen, aber ausschließlich gute sind ebenso pathologische Grenzfälle wie ausschließlich böse Menschen: Beide sind nämlich nicht in der Lage, reflexiv und flexibel mit unterschiedlichen Situationen und Anforderungen umzugehen. Die übergroße Mehrheit der Menschen dagegen verhält sich im Leben höchst widersprüchlich, und das aus gutem Grund. Denn Menschen bewegen sich in modernen Gesellschaften in völlig verschiedenen sozialen Situationen mit wechselvollen Ansprüchen und Anforderungen an ihre Person – und man erwartet von ihnen, dass sie sich gegenüber einem Baby anders verhalten als gegenüber einem Zwölfjährigen und wiederum anders gegenüber einem Erwachsenen, dass sie mit der Partnerin oder dem Partner anders umgehen als mit Freunden und wieder anders mit Kollegen und noch einmal anders mit den Vorgesetzten. Sie zeigen völlig unterschiedliches Verhalten auf dem Sportplatz oder auf der Zuschauertribüne, im

Wartezimmer eines Arztes oder auf dem Behandlungsstuhl eines Zahnarztes. Menschen bewegen sich jeden Tag durch viele soziale Räume, und in jedem existiert ein anderer Rahmen für das Verhalten, das jeweils als angemessen betrachtet wird. Jemand, der sich immer gleich verhielte, würde sofort für verrückt erklärt werden.

Wir sind also in erstaunlichem Maße in der Lage, je nach Situation jeweils unterschiedliches Verhalten zu zeigen und dabei auch durchaus bestimmte Eigenschaften zu betonen und andere zu vernachlässigen. Die bisherige, übrigens erstaunlich spärliche Forschung zu den Helfern und Rettern im Holocaust ist trotz dieser normalen Widersprüchlichkeit von Menschen lange Zeit von der Vorstellung ausgegangen, dass es so etwas wie den geborenen Retter geben müsste, der über eine besondere Persönlichkeitsstruktur und besondere Eigenschaften verfügt. Anders sei nicht erklärlich, wieso diese wenigen Menschen sich im »Dritten Reich« dem gegenmenschlichen Zug der Mehrheit entgegenstellen und sich anders verhalten konnten.

Die soziale Wirklichkeit sieht jedoch anders aus, wie die Historiker Wolfgang Benz und Juliane Wetzel schreiben: »Manche Helfer taten es aus Nächstenliebe, aus religiöser Überzeugung, andere wegen ihrer antifaschistischen Orientierung aus Opposition gegen das NS-Regime, wieder andere wollten Freunde nicht im Stich lassen und viele andere kannten ihre Schützlinge gar nicht, kamen aus reinem Zufall in die Situation, plötzlich jemanden zu verstecken, ohne über die drohende Einweisung in ein KZ oder gar die Todesstrafe nachzudenken. Es gab auch solche Helfer, die sich persönliche Vorteile verschafften, sei es durch Geld- oder Sachleistungen« (Benz/Wetzel 1996: 15).

Dass sich Helferverhalten nicht damit erklären lässt, dass gute Menschen helfen und schlechte nicht, wird besonders deutlich, wenn man sich eines der bizarrsten und traurigsten Kapitel aus dem Alltag der Verfolgung anschaut: Ab 1943 hatte die Gestapo in Berlin eine Reihe sogenannter Greifer im Einsatz, die untergetauchte Juden aufspüren und ausliefern sollten. Die »Greifer« waren jüdische Frauen und Männer, die ihrerseits hofften, mit ihren Diensten für die Gestapo der eigenen Deportation und damit dem sicheren Tod zu entgehen, was sich als trügerische Hoffnung herausstellte. Die berüchtigste unter ihnen war Stella Goldschlag, eine höchst attraktive junge Frau, auf deren Konto allein eine zweistellige Zahl verratener Juden ging.

Insgesamt fielen den »Greifern« einige hundert untergetauchte Juden zum Opfer. Welches Persönlichkeitsmuster würde man den »Greifern« zuordnen? Würden sie richtig beschrieben sein, wenn man sie als »verräterische« oder »Spitzelpersönlichkeiten« bezeichnete? Hier sieht man, dass Menschen ihre Verhaltensweisen nach ihren Handlungsmöglichkeiten ausrichten müssen, weshalb sich aus dem, was sie tun, nicht kausal auf ihre Persönlichkeitsstruktur rückschließen lässt. Die Sache wird nicht einfacher, wenn man weiß, dass sowohl Stella Goldschlag als auch andere »Greifer« ihre Beziehungen zur Gestapo auch dafür nutzten, Personen, die ihnen nahestanden, vor Durchsuchungen zu warnen oder ihnen anderweitig halfen. Welche Persönlichkeitseigenschaften schreibt man ihnen vor diesem Hintergrund zu?

Und welche Persönlichkeitsstruktur offenbart ein Mann, der eine jüdische Frau bei sich aus zunächst ganz altruistischen Motiven versteckt, später aber die Situation ausnutzt, um mit ihr zu schlafen? Welche zeigt die antisemitische Pfarrersfrau, die trotz ihrer Überzeugung Juden versteckt, welche der »meschuggene SS-Mann«, der Michael Degen und seiner Mutter hilft? Welche das NSDAP-Mitglied Robert Holtz, der eine ganze Familie versteckt? (alle Beispiele bei Borgstedt 2004: 309) Was fängt man an mit einer Person wie Wilhelm Kube, Generalkommissar von Weißruthenien und seiner Biografie und Funktion nach ein absolut überzeugter Nationalsozialist, Antisemit und Vernichtungstäter in großem Maßstab, der andererseits aber intensiv um das Leben einiger deutscher Juden kämpfte, dafür zahlreiche Konflikte in Kauf nahm und in einem Fall auch erfolgreich war?

Und was sagt es aus, dass Hilfe vielfach in sozial randständigen Milieus geleistet wurde – von Prostituierten, Kleinkriminellen, Schiebern usw.? Sicher wenig über die Bedeutung altruistischer Persönlichkeitsstrukturen, dafür gewiss einiges darüber, dass soziale Außenseiterstellungen auch eine größere Bereitschaft zu abweichendem Verhalten mit sich bringen und insofern auch ein Reservoir für Hilfeverhalten darstellen können.

Es gibt noch einen anderen Aspekt, der es kaum sinnvoll erscheinen lässt, Gründe für Helferverhalten in altruistischen Persönlichkeitsstrukturen zu suchen: Wenn man als Däne oder Belgier Juden gerettet hat, befand man sich in Übereinstimmung mit der Mehrheit der Dänen oder Belgier; wenn man das als Deutscher, Pole oder Ukrainer machte, geschah es in krasser Abweichung von dem, was die Mehrheit der Deutschen, Polen oder Ukrainer dachte und befürwortete. Insofern riskierten Helfer und Retter in Deutschland oder Polen nicht nur mehr, wenn sie jemandem halfen, sie hatten auch viel weniger sozialen Rückhalt bei dem, was sie taten. Und logischerweise war es für sie auch viel schwieriger, ihrerseits Unterstützung und Hilfe für ihre Aktionen zu bekommen. Oder anders gesagt: Was in einem Land als erwünschtes und normales Verhalten gilt, ist in einem anderen abweichend und unnormal.

Unter Ausstellungsgesichtspunkten könnte hier mit Darstellungen von Hilfsnetzwerken, mit Fallgeschichten insbesondere ambivalenter Helferpersönlichkeiten und auch mit Kontextualisierungen von Hilfebedingungen gearbeitet werden: Welche Logistik erfordert es, in einem Mietshaus ein Kind zu verstecken? Wie beschafft man Nahrung für eine zusätzliche Person, wenn man nur »auf Marken« einkaufen kann? Was geschieht, wenn die versteckte Person krank wird?

Besonderes Augenmerk ist dabei auf die Darstellung der faktischen Handlungsspielräume zu legen, die den Akteuren zur Verfügung standen. Das knüpft an das Thema der »partikularen Moral« an und liefert Beispiele dafür, wie Menschen sich dafür entschieden oder ihren individuellen Handlungsspielraum genutzt haben, zu helfen, Schlimmeres zu verhindern und sich eben nicht gegenmenschlich zu verhalten. Beispiele dafür gibt es innerhalb wie außerhalb des Kontextes von Nationalsozialismus und Holocaust: Man könnte, um das mögliche Handlungsspektrum anzudeuten, die Beispiele Georg Elser (als »einfachen«, nur von seinem eigenen Denken getriebenen Hitler-Attentäter) und Berthold Beitz (als mit großen Handlungsmöglichkeiten ausgestatteten Judenretter) heranziehen. Aber man könnte auch den Fall von Stanislaw Petrow darstellen, der 1983 den angeblichen Start einer amerikanischen Atomrakete mit dem Ziel Sowjetunion als Fehlalarm erkannte und die Systeme für den automatischen Gegenschlag deaktivierte. Mit dieser couragierten Handlung wurde möglicherweise der Dritte Weltkrieg und der Atomtod von Millionen von Menschen verhindert. Das geht ebenso auf die Wirksamkeit von »partikularer Moral« und Selberdenken zurück wie die Weigerung Rosa Parks in Montgomery/Alabama, ihren Sitzplatz im Bus für einen Weißen zu räumen. Ihre daraufhin erfolgende Verhaftung lieferte den Anlass für den Montgomery-Bus-Boykott 1955, eine wichtige Etappe auf dem Weg der US-amerikanischen Bürgerrechtsbewegung.

Wünschenswert wären bei all diesen Themen auch Transfers zu aktuellen Phänomenen von Ausgrenzung, Flucht, Kriegsgewalt, Hilfe, Engagement usw.; darüber hinaus auch Ausstellungssegmente dazu, wie auf internationaler Ebene Erfolge *gegen* Gesellschaftsverbrechen und Massengewalt erzielt worden sind – hierzu gehören etwa die Errichtung des Internationalen Gerichtshofes in Den Haag, die Einführung der Norm »Responsibility to Protect« zum Schutz bedrohter Bevölkerungen auf der Ebene der UN sowie die Wirksamkeit bestimmter Resolutionen und Interventionen der Weltgemeinschaft.

Gleichwohl können Nationalsozialismus und Holocaust weiterhin ein Zentrum deutscher Erinnerungs- und Geschichtskultur bilden. In der *storyline 3* werden sie nun aber nicht mehr als erratisches Geschichtsereignis präsentiert, das kontextfrei, einmalig und im Format des »absoluten Bösen« enthistorisiert erscheint. Eigentlich wird der Holocaust ja erst im Kontext der menschlichen Möglichkeiten historisch – als eine soziale Möglichkeit, die unter spezifischen Bedingungen von einer Gesellschaft gewählt wurde. Und erst in einer solchen Perspektive entfalten sich Möglichkeiten eines »Lernens aus der Geschichte« und damit Implikationen für die Herstellung wünschenswerten Verhaltens in Gegenwartsgesellschaften. Die Basis für zivilcouragiertes Verhalten in einer gegebenen Situation bildet nicht das Wissen um das absolute Grauen der Vernichtung, sondern das Wissen um die eigenen Handlungsspielräume.

## Das *Haus der menschlichen Möglichkeiten*: eine lernende Institution

Menschen haben Handlungsspielräume, die sie ignorieren oder nutzen, die sie ausbauen oder verengen können. In dieser Perspektive schließen sich die *drei storylines* des *Hauses der menschlichen Möglichkeiten* zusammen. Und zugleich wird deutlich, dass innerhalb einer solchen Ausstellungskonzeption ohne Weiteres Bezüge zu zeitgenössischen Phänomenen hergestellt werden können: zur Zwangsmigration, zum Umgang mit Flüchtlingen, zur Verantwortungsdiffusion etc. Beispiele dafür lassen sich im Rahmen von Sonderausstellungen flexibel realisieren, wobei es uns besonders attraktiv scheint, dass entsprechende Sonderausstellungen jeweils im Rahmen von Schulprojekten von Jugendlichen selbst konzipiert werden könnten. Hier ergäben sich höchst interessante Ansatzpunkte für ein partizipatives Geschichtslernen, die weit über die konventionellen Strategien der »Spurensuche« etc. hinausgehen.

In diesem Sinn wäre das *Haus der menschlichen Möglichkeiten* seinem Selbstverständnis nach eine lernende Institution, die den einmal erreichten historischen Erkenntnisstand als Zwischenstand in einem erinnerungs- und geschichtskulturellen Prozess begreift, der sich mit der fortschreitenden Gegenwart selbst verändert.

Wir glauben, dass diese Abwendung vom enthistorisierten absoluten Grauen und die Hinwendung zu den – positiven wie negativen – menschlichen Möglichkeiten mehr aufklärerisches und emanzipatives Potenzial enthält, als die Erinnerungskultur und ihre Institutionen zurzeit anbieten. Hier wird das Leben selbst interessant, nicht nur das historische Exempel, wie man es zerstören kann. Wenn es gelänge, das im Rahmen einer zeitgemäßen Szenografie zu präsentieren und systematisch thematische Gestaltungsmöglichkeiten besonders für die jungen Nutzerinnen und Nutzer vorzusehen, dann könnte aus dem *Haus der menschlichen Möglichkeiten* auch ein Haus der je eigenen Möglichkeiten werden – ein reflexiver und zum Selberdenken einladender Ort der historischen und politischen Bildung.

# Literatur


Aly, Götz (2005): *Hitlers Volksstaat. Raub, Rassenkrieg und nationaler Sozialismus*, Frankfurt a. M.

Aronson, Elliot (1994): *Sozialpsychologie. Menschliches Verhalten und gesellschaftlicher Einfluß*, München.

Asch, Solomon (1955): »Opinions and Social Pressure«, *Scientific American*, Nr. 193, S. 31–35.

Assheuer, Thomas (2000): »Die Evolution frisst ihre Kinder. Ist Naturwissenschaft die Religion der Gegenwart? Vom Heilsversprechen des biokosmischen Weltbildes und seiner Agenten. Ein Rückblick auf die EXPO und die Berliner Ausstellung ›Sieben Hügel‹«, *DIE ZEIT* v. 26. Oktober 2000, S. 45, in: http://www.zeit.de/2000/44/200044_expo.xml (18. Oktober 2011).

Bajohr, Frank / Pohl, Dieter (2006): *Der Holocaust als offenes Geheimnis. Die Deutschen, die NS-Führung und die Alliierten*, München.

Ballstaedt, Steffen-Peter (1990): »Integrative Verarbeitung bei audiovisuellen Medien«, in: Böhme-Dürr, Karin (Hg.): *Wissensveränderung durch Medien*, München, S. 186–196.

Benz, Wolfgang / Wetzel, Juliane (Hg.) (1996): *Solidarität und Hilfe für Juden während der NS-Zeit*, Bd. 1, Regionalstudien, Berlin.

Bloch, Ernst (1935): *Erbschaft dieser Zeit*, Zürich.

Borgstedt, Angela (2004): »Hilfe für Verfolgte. Judenretter und Judenhelfer«, in: Steinbach, Peter / Tuchel, Johannes (Hg.): *Widerstand gegen die nationalsozialistische Diktatur 1933–1945*, Bonn, S. 307–321 (Schriftenreihe der Bundeszentrale für politische Bildung, Bd. 438).

Bruns-Wüstefeld, Alex (1997): *Lohnende Geschäfte. Die »Entjudung« am Beispiel Göttingens*, Hannover.

Chakrabarty, Dipesh (2010): »Das Klima der Geschichte. Vier Thesen«, in: Welzer, Harald / Soeffner, Hans-Georg / Giesecke, Dana (Hg.): *KlimaKulturen. Soziale Wirklichkeiten im Klimawandel*, Frankfurt a. M., S. 270–301.

Chambliss, William J. (1973): »Race, Sex and Gangs. The Saints and the Roughnecks«, Trans-Actio / Society, Jg. 11, H. 1, S. 24–31.

Christ, Michaela (2011): *Die Dynamik des Tötens. Die Ermordung der Juden von Berditschew*, Frankfurt a. M.

Conway, Martin A. / Rubin, David C. (1993): »The Structure of Autobiographical Memory«, in: Collins, Alan F. / Conway, Martin A. / Morris, Peter E. (Hg.): *Theories of Memory*, Hove, S. 103–137.

Degen, Michael (1999): *Nicht alle waren Mörder – Eine Kindheit in Berlin*, Berlin.

Doerry, Martin (2002): *Mein verwundetes Herz. Das Leben der Lilli Jahn 1900–1944*, Stuttgart / München.

Donald, Merlin (2001): *A Mind so Rare. The Evolution of Human Consciousness*, New York.

Dunbar, Robin (1993): »Coevolution of Neocortical Size, Group Size and Language in Humans«, *Behavioral and Brain Sciences*, Jg. 16, H. 4, S. 681–735.

Elias, Norbert (1983): *Die höfische Gesellschaft. Untersuchungen zur Soziologie des Königtums und der höfischen Aristokratie*, Frankfurt a. M.

Elias, Norbert / Scotson, John L. (2003): *Etablierte und Außenseiter*, Frankfurt a. M.

Faulstich, Werner (2006): »›Unterhaltung‹ als Schlüsselkategorie von Kulturwissenschaft. Begriffe, Probleme, Stand der Forschung, Positionsbestimmung«, in: Ders. / Knop, Karin (Hg.): *Unterhaltungskultur*, München, S. 7–20.

Festinger, Leon u. a. (1956): *When Prophecy Fails*, Minneapolis.

Friedländer, Saul (1998): *Das Dritte Reich und die Juden. Die Jahre der Verfolgung 1933–1939*, München.

Garfinkel, Harold (1967): *Studies in Ethnomethodology*, Englewood Cliffs, N.J.
Giddens, Anthony/Fleck, Christian/Egger de Campo, Marianne (2009): *Soziologie*, Graz/Wien.
Goffman, Erving (1982): *Das Individuum und der öffentliche Austausch. Mikrostudien zur öffentlichen Ordnung*, Frankfurt a.M.
Goffman, Erving (1980): *Rahmenanalyse*, Frankfurt a.M.
Gudehus, Christian (2006): *Dem Gedächtnis zuhören: Gedenkstätten und Erzählungen über nationalsozialistische Verbrechen*, Essen.
Haffner, Sebastian (2000): *Geschichte eines Deutschen*, München/Stuttgart.
Henry, Frances (1992): *Nachbarn und Opfer – Erinnerungen an eine Kleinstadt im Nationalsozialismus*, hg. v. Förderverein Synagoge Sobernheim, Bonn.
Hilberg, Raul (1989): *Die Vernichtung der europäischen Juden*, Frankfurt a.M.
Hilberg, Raul (1996): *Täter, Opfer, Zuschauer: Die Vernichtung der Juden 1933–1945*, Frankfurt a.M.
Hunt, Morton (1992): *Das Rätsel der Nächstenliebe. Der Mensch zwischen Egoismus und Altruismus*, Frankfurt a.M.
Husserl, Edmund (2001): *Die Bernauer Manuskripte über das Zeitbewusstsein (1917/18)*, hg. v. Rudolf Bernet/Dieter Lohmar, Dordrecht/Boston/London.
IFKA (2005): *Lernen in Erlebniswelten – Perspektiven für Politik, Management und Wissenschaft*, Bd. 22, Bielefeld.
Jäckel, Michael (2010): *Soziologie. Eine Orientierung*, Wiesbaden.
Johnson, Eric/Reuband, Karl-Heinz (2005): *What we knew. Terror, Mass Murder and Everyday Life in Nazi Germany*, London.
Kaplan, Harold I./Sadock, Benjamin J./Grebb, Jack A. (1994): *Synopsis of Psychiatry. Behavioral Sciences and Clinical Psychiatry*, Baltimore.
Klemperer, Victor (1995): *»Ich will Zeugnis ablegen bis zum letzten«*, Tagebücher 1933–1945, Bände I–VIII, Berlin.
Klüger, Ruth (1997): *Weiter leben. Eine Jugend*, München.

Knigge, Volkhard (2010): »Zur Zukunft der Erinnerung«, *Aus Politik und Zeitgeschichte*, Beilage zur Wochenzeitung »Das Parlament«, 25/26, S. 10–16.

Korte, Sabine/Wennrich, Christine/Zweck, Axel (VDI-TZ im Auftrag des BMBF) (1997): *Tendenzen der Science Center in den USA. Aktuelle Bestandsaufnahme* (Technologiemonitoring, Bd. 17), Düsseldorf.

Koselleck, Reinhart (2000): »Die unbekannte Zukunft und die Kunst der Prognose«, in: Ders.: *Zeitgeschichten*, Frankfurt a.M., S. 203–224.

Kosmala, Beate/Schoppmann, Claudia (Hg.) (2002): *Überleben im Untergrund. Hilfe und Rettung für Juden in Deutschland 1941–1945*, Bd. 5 »Solidarität und Hilfe für Juden während der NS-Zeit«, Berlin.

Lessing, Hans-Erhard (2006): *Naturschön. Phänomene im Technorama*, Winterthur.

Longerich, Peter (2006): *Davon haben wir nichts gewusst! Die Deutschen und die Judenverfolgung 1933–1945*, München.

Lührs, Otto (1996): »Von der Urania zum Spektrum«, *Naturwissenschaften im Unterricht/Physik*, H. 34.

Margolis, Rachel/Tobias, Jim (Hg.) (2005): *Die geheimen Notizen des K. Sakowicz. Dokumente zur Judenvernichtung in Ponary 1941–1943*, Frankfurt a.M.

Markowitsch, Hans J./Welzer, Harald (2005): *Das autobiographische Gedächtnis. Hirnorganische Grundlagen und biosoziale Entwicklung*, Stuttgart.

McCarthy, Cormack (2007): *Die Straße*, Reinbek bei Hamburg.

Meadows, Donella H./Meadows, Dennis L./Randers, Jorgen/Behrens, William W. (1972): *The Limits to Growth: A Report for the Club of Rome's Project on the Predicament of Mankind*, New York.

Meier, Christian (2010): *Das Gebot zu vergessen und die Unabweisbarkeit des Erinnerns. Vom öffentlichen Umgang mit schlimmer Vergangenheit*, München.

Neckel, Sighard/Mijic, Ana/von Scheve, Christian/Titton, Monica (2010): *Sternstunden der Soziologie. Wegweisende Theoriemodelle des soziologischen Denkens*, Frankfurt a.M.

Neiss, Marion (2001): »Kaufmann-Gruppe«, in: Benz, Wolfgang/Pehle, Walter H. (Hg.): *Lexikon des deutschen Widerstandes*, Frankfurt a. M. 2001, S. 241–242.

Neitzel, Sönke/Welzer, Harald (2011): *Soldaten. Protokolle vom Kämpfen, Töten und Sterben*, Frankfurt a. M.

Niethammer, Lutz/von Plato, Alexander (1985): *Wir kriegen jetzt andere Zeiten*, Bonn.

Popitz, Heinrich (1986): *Phänomene der Macht*, Tübingen.

Radkau, Joachim (2002): *Natur und Macht: Eine Weltgeschichte der Umwelt*, München.

Radtke, Frank-Olaf/Meseth, Wolfgang/Proske, Matthias (Hg.) (2004): *Schule und Nationalsozialismus. Anspruch und Grenzen des Geschichtsunterrichts*, Frankfurt/New York.

Reemtsma, Jan-Philipp (2010): »Wozu Gedenkstätten?«, *Aus Politik und Zeitgeschichte*, Beilage zur Wochenzeitung »Das Parlament«, 25/26, S. 3–9.

Reinhardt, Ulrich (2003): *Bildung und Unterhaltung*, Hamburg.

Reuband, Karl-Heinz (2006): »Das NS-Regime zwischen Akzeptanz und Ablehnung«, *Geschichte und Gesellschaft*, Jg. 32, H. 3.

Rochat, François/Modigliani, Andre (1997): »Authority: Obedience, Defiance and Identification in Experimental and Historical Contexts«, in: Gold, Martin/Douvan, Elisabeth (Hg.): *A New Outline of Social Psychology*, Washington, S. 235–247.

Rüsen, Jörn (2002): *Kann Gestern besser werden? Essays zum Bedenken der Geschichte*, Berlin.

Sáenz-Arroyo, Andrea u. a. (2005): »Rapidly Shifting Environmental Baselines Among Fishers of the Gulf of California«, *Proceedings of the Royal Society*, 272/2005, S. 1957–1962.

Schäfer, Hans Dieter (2009): *Das gespaltene Bewusstsein. Vom Dritten Reich bis zu den langen Fünfziger Jahren*, Göttingen.

Schönhaus, Cioma (2004): *Der Passfälscher. Die unglaubliche Geschichte eines jungen Grafikers, der im Untergrund gegen die Nazis kämpfte*, hg. v. Marion Neiss, Frankfurt a. M.

Schütz, Alfred (1972): »Tiresias oder unser Wissen von zukünftigen Ereignissen (1959)«, in: Ders. (Hg.): *Gesammelte Aufsätze II. Studien zur soziologischen Theorie*, Den Haag, S. 259–278.

Schulze, Gerhard (2005): *Die Erlebnisgesellschaft: Kultursoziologie der Gegenwart;* Frankfurt a. M.

Simmel, Georg (1989): *Die Philosophie des Geldes*. Georg Simmel GA, Bd. 6, Frankfurt a. M.

Staas, Christian (2010): »Was geht mich das noch an?«, *ZEITMagazin* v. 4. November 2010, Nr. 45, in: http://www.zeit.de/2010/45/Erinnern-NS-Zeit-Jugendliche (18. Oktober 2011).

Thomas, William/Thomas, Dorothy Swaine (1928): *The Child in America*, New York.

Todorov, Tzvetan (1993): *Angesichts des Äußersten*, München.

Tomasello, Michael (2002): *Die kulturelle Entwicklung des menschlichen Denkens*, Frankfurt a. M.

von Trotha, Trutz (2002): »Gewaltforschung auf Popitzschen Wegen. Antireduktionismus, Zweckhaftigkeit und Körperlichkeit der Gewalt und Herrschaft«, *Mittelweg 36*, 6/2002, S. 26–36.

Tulving, Endel (1985): »How many memory systems are there?«, *American Psychologist*, Jg. 40, S. 385–398.

Waller, James (2002): *Becoming Evil: How Ordinary People Commit Genocide and Mass Killing*, Oxford.

Welzer, Harald/Montau, Robert/Plaß, Christine (1997): *»Was wir für böse Menschen sind!«. Der Nationalsozialismus im Gespräch zwischen den Generationen*, Tübingen.

Welzer, Harald/Markowitsch, Hans J. (2001): »Umrisse einer interdisziplinären Gedächtnisforschung«, *Psychologische Rundschau*, Jg. 52, H. 4, S. 205–214.

Welzer, Harald/Moller, Sabine/Tschuggnall, Karoline (2002): *Opa war kein Nazi. Nationalsozialismus und Holocaust im Familiengedächtnis*, Frankfurt a. M.

Welzer, Harald (2005): *Täter. Wie aus ganz normalen Menschen Massenmörder werden*, Frankfurt.

Welzer, Harald (2008): *Klimakriege. Wofür im 21. Jahrhundert getötet wird*, Frankfurt a. M.

Wette, Wolfram (2002): »Oberleutnant Heinz Drossel. Judenretter in Berlin 1945«, in: Ders. (Hg.): *Retter in Uniform. Handlungsspielräume im Vernichtungskrieg der Wehrmacht*, Frankfurt a. M., S. 209–229.

White, Hayden (1991): *Metahistory. Die historische Einbildungskraft im 19. Jahrhundert in Europa*, Frankfurt a. M.

Zülsdorf-Kersting, Meik (2007): *Sechzig Jahre danach: Jugendliche und Holocaust. Eine Studie zur geschichtskulturellen Sozialisation*, Münster.

## Fotonachweis

S. 17: Aplysia californica/Meeresschnecke – © Jürgen Freund/OKAPIA – picture alliance
S. 20: Gedenktafel in Berlin-Schöneberg – © Dana Giesecke
S. 28: Coca-Cola-Ausschank im Berliner Tiergarten 1937 – © bpk/Josef Donderer
S. 33: Zeitungskiosk am Leipziger Platz, Berlin 1937 – © bpk/Josef Donderer
S. 51: aus: Walter Moers: Der Bonker. Eine Adolf-Tragikomödie in drei Akten – © Piper Verlag GmbH, München 2006; Abbildung: © Zweite Medienfonds German Filmproduction GFP GmbH & Co. BeteiligungsKG, 2006
S. 67: Netzwerk um Franz Kaufmann (1938–1943) – © Marten Düring
S. 88: Abb. nach: Stanley Milgram: Das Milgram-Experiment. Zur Gehorsamsbereitschaft gegenüber Autoritäten, Hamburg (Rowohlt) 1982, S. 111
S. 102: Experimentiersaal der Urania Berlin (1888) – © Stiftung Deutsches Technikmuseum Berlin, Historisches Archiv
S. 103: Frank Oppenheimer mit einem Hands-on – Esther Kutnick, © Exploratorium, www.exploratorium.edu
S. 129: Die Entwicklung des menschlichen Gehirns – aus: Markowitsch, Hans J./Harald Welzer. Das autobiografische Gedächtnis, Stuttgart (Klett-Cotta) 2005, S. 19
S. 137: Szenenfoto aus dem Film »Kitchen Stories«, Regie: Bent Hamer, Norwegen 2003 – © Arsenal Filmverleih 2012
S. 162: Tsunami auf den Andaman Islands 2004 – © Getty Images/ Digital Vision
S. 163: Abb. nach: Asch, Salomon: Studies of Independence and Conformity. I. A Minority of One Against a Unanimous Majority, in: Psychological Monographs. General and Applied 70, S. 7
S. 169: Shifting Baselines – © Anne Randall and Pierre Thiret (courtesy of Comunidad y Biodiversidad A.C, México)

## Geschichtsbewusstsein im Wandel

Vielfalt bestimmt in der Einwanderungsgesellschaft unser Zusammenleben und übt auf unseren Umgang mit Geschichte zunehmenden Einfluss aus. Wir teilen nicht die eine, nationale Erinnerung, sondern – je nach Herkunft – unterschiedliche Geschichtsbilder, die miteinander in Beziehung treten, sich verändern und neue Verbindungen eingehen können.

Wie verändert Migration die Ausprägung des historischen Bewusstseins von Jugendlichen? Welche Einflüsse hat die Pluralität von Geschichtsbildern auf die Identitätsfindung und Selbstverortung junger Menschen in Deutschland? Wie lässt sich Geschichte an Jugendliche unterschiedlicher Herkunft vermitteln?

»Crossover Geschichte« bietet Befunde und Analysen zur Geschichtsarbeit in der Einwanderungsgesellschaft, stellt praktische Erfahrungen aus der Gedenkstätten- und Museumspädagogik vor und lässt junge Menschen mit Migrationshintergrund zu Wort kommen, die aus ihrer Perspektive der Bedeutung von Geschichte und historischer Erinnerung nachgehen.

Viola B. Georgi / Rainer Ohliger (Hrsg.)
**Crossover Geschichte**
Historisches Bewusstsein Jugendlicher in der Einwanderungsgesellschaft

256 Seiten | Softcover | 17 x 24 cm
ISBN 978-3-89684-336-4
Euro 16,– (D)

www.edition-koerber-stiftung.de